江西省高校哲学社会科学重点研究基地招标项目“基于生态文明建设的我国能源矿产资源开发及其利用效率研究”（项目编号：JD1466）

东华理工大学地质资源经济与管理研究中心、东华理工大学“核资源与环境经济”创新团队、东华理工大学资源与环境经济研究中心、江西省资源与环境战略软科学研究基地联合资助

我国能源矿产资源开发及其利用效率研究

DEVELOPMENT AND UTILIZATION

马杰 著

中国经济出版社
CHINA ECONOMIC PUBLISHING HOUSE
·北京·

图书在版编目（CIP）数据

我国能源矿产资源开发及其利用效率研究/马杰著.
—北京：中国经济出版社，2018.10
ISBN 978-7-5136-4908-7
Ⅰ.①我… Ⅱ.①马… Ⅲ.①矿产资源—资源开发—研究—中国
②矿产资源—资源利用—研究—中国 Ⅳ.①F426.1
中国版本图书馆 CIP 数据核字（2017）第 251584 号

责任编辑　闫明明
责任印制　巢新强

出版发行　中国经济出版社
印 刷 者　北京九州迅驰传媒文化有限公司
经 销 者　各地新华书店
开　　本　710mm×1000mm　1/16
印　　张　12.25
字　　数　165 千字
版　　次　2018 年 10 月第 1 版
印　　次　2018 年 10 月第 1 次
定　　价　58.00 元
广告经营许可证　京西工商广字第 8179 号

中国经济出版社　**网址** www.economyph.com **社址** 北京市东城区安定门外大街 58 号 **邮编** 100011
本版图书如存在印装质量问题，请与本社销售中心联系调换（联系电话：010-57512564）

前言

PREFACE

能源矿产作为矿产资源的重要组成部分，是现代社会人类生存和发展最主要的能源支撑。改革开放以来，中国能源矿产资源的开发利用支撑了中国经济的高速发展，但同时也引发了一系列问题和矛盾。在能源矿产资源的开发利用过程中，不可避免地要破坏生态环境，造成大气、水体和土壤污染。随着能源矿产资源开发规模的扩大，能源矿产生产过程中因排放“三废”造成的环境污染日益加剧，甚至很多地区的矿产资源开发利用活动已经成为破坏生态环境的主要因素。这些问题和矛盾，是中国进一步发展所必须面对和解决的。

随着世界工业化进程的加快，能源需求不断增长，大量化石能源粗放式开发和利用所引起的环境污染、全球气候变化和其他问题日益突出。如何改善能源矿产资源利用效率、如何保护环境已成为能源经济领域两大核心问题和世界各国共同关注的焦点问题。提高能源矿产资源的开发和利用效率，大力发展和使用可再生能源资源，既是我国资源发展的长期战略，也是人类社会经济发展的长期战略。

本书从我国能源矿产资源开发和利用的现状出发，以可持续发展理论为指导，规范分析与实证分析相结合，通过剖析我国现行能源矿产资源开发和利用过程中存在的问题，提出了改革与完善我国能源矿产资源开发与利用的政策建议，以促进我国能源矿产资源的合理开采和利用，实现能源矿产资源的可持续发展。

通过较为系统地梳理和研究，主要得出以下成果：

（1）总结了矿产资源及能源矿产的特点：矿产资源具有耗竭性、不可再生性、稀缺性、分布不均匀性、动态性以及隐蔽性的特点；能源矿产具有可替代性和紧缺性的特点。回顾并综述了我国能源矿产开发利用历史及现状。

（2）从我国能源矿产资源的储量现状和人均占有量、开采与供应、消费与需求等角度，阐述了能源矿产资源的稀缺性与耗竭性。建立三级评价指标体系，利用模糊综合评价法对影响我国能源矿产资源综合承载力的四个主要因素，即生态环境承载力、人口承载力、水资源承载力和土地承载力，进行定性与定量分析。

（3）通过使用模糊综合评价法、DEA 法分析能源矿产资源的开发效率，并以 DEA 法为例，对石油资源开发效率进行实证研究。将矿产资源开发效率予以量化分析，提高了分析结果的准确性，并对所得结果进行分析，为提高能源矿产资源开发效率提供实证依据。

（4）通过收集 2000—2016 年我国煤炭、石油、天然气的消费总量等相关数据，对我国能源矿产资源消耗现状进行分析与国际比较。运用单要素方法对我国各省能源效率进行量化，在此基础上通过建立面板数据模型对影响能源矿产资源利用效率的因素进行实证分析。

（5）针对如何促进能源矿产资源合理开发利用提出相应的对策与建议。

目录
CONTENTS

第 1 章
导 论

1.1 研究背景

能源矿产又称为燃料矿产和矿物能源，属于矿产资源的一种，赋存于地表或者地下，一般呈固态或者液态。它是由一定的地质作用形成的天然富集物，这种物质能够提供具有现实意义和潜在意义的能源价值。我国目前发现的能源矿产资源种类较为丰富，有将近 12 个类别：如固态资源——煤、石煤、油页岩、可燃冰、铀、钍、油砂、天然沥青；液态资源——石油、地原（也有呈气态的）；气态资源——天然气、煤层气等。我国能源矿产资源种类齐全、资源丰富，分布广泛。在这些能源资源矿产中，日常生活中经常使用的且具有悠久历史的是石油、煤、天然气和油页岩 4 种，而煤层气、油砂、天然沥青这些能源都属于新开发的一次能源。从 20 世纪开始，我国科学技术不断发展，带动了资源开发利用效率的提升。随着技术的进步，我国在此期间又开发出了新型能源——核能和地热矿产资源，主要有铀、钍、地热 3 种。调查显示，我国目前已经探明其储存数量的矿产总共有煤、石油、天然气、油页岩、石煤、铀、钍、地热 8 种类型。我国矿产资源中煤炭有 5345 处，其保有储量达 10025 亿吨，是居世界第 3 位的煤炭大国；石油资源储量可观，现有油区 32 个，其探明储量达 181.4 亿吨，而剩余探明可采储量还有22.41亿吨，居全球第11位；中国天然气现有储量约70万亿立方米，其剩余可采储量达0.7060万亿立方米，排名21位；相比前三种常见能源，我国的铀矿相对较少，其探明储量在全球排名10位以后；地热资源的特点是分布广泛，在地表的浅范围内就有等同于13711亿吨标准煤的能量；另外，我国油页岩现查明有64处，总保有储量约315亿吨；石煤现有93处，总保有储量为42.56亿吨。

近年来，我国工业化步伐不断加快，国民经济实现了飞速发展，而人们对矿产资源越发依赖，需求量与日俱增，因此实现矿产资源高效开发和利用成为国民经济持续高速发展的前提。能源矿产在我们人类的发展史上扮演着重要角色，对现代社会的进步起着重要的推动作用。40年来，我国经济的高速发展离不开能源矿产的开发利用，但在经济社会不断发展与壮大的同时，能源矿产的使用效率问题越发突出，如勘探的步伐明显落后于开发利用的进程，违规开发、乱采滥挖现象严重，矿产资源开发的不合理造成了资源浪费和环境污染等，这些问题都是经济社会发展无法逃避且必须面对和解决的。另外，能源矿产资源的有限性和不可再生性，使其利用率的高低直接决定着我国经济可持续发展的程度，因此对于我国经济社会的发展来说，研究如何合理利用和开发能源矿产资源具有实践意义。

目前，中国能源矿产资源在开发及利用上表现出以下特征：

（1）矿产资源勘探步伐跟不上开发利用的速度。

矿产资源的勘探是一项长期而系统的工程，而且存在很大的风险，从矿址的定位到对确定的矿产地的调查评价、普查、详查，再到勘探提交可供开发的储量，是一个极为艰苦的探索过程，而且成功率平均在5%以下。在这期间需要投入大量的人力、物力和财力，如此低的成功率和艰难的勘探过程，使得我国矿产资源勘探的进程缓慢。而长期以来，我国经济一直采用粗放式的发展方式，对矿产资源的依赖程度极高，而随着我国近年来经济的快速发展，工业化进程的不断加快，国民经济的发展越发依赖矿产资源的供给。上述一些现状导致矿产资源在勘探与开发利用环节上出现步调不一致的局面。

（2）违规开发、乱采滥挖现象严重。

自20世纪90年代初期，我国在矿产资源的开发方面就有“有水快流”的号召，这使得矿产资源被人们疯狂地发掘和采挖。这个时候无论大小，全国各地的矿山和矿区都陆续被发掘，并出现了各种毫无章法的开采，这些行为严重浪费了矿产资源。由于不合理、不科学的开发方式，大量优质的资源遭到不同程度的浪费，矿区环境也遭到严重破坏，尤其是对土地资源的破坏。另外，乱采滥挖还给安全生产带来了巨大的隐患，由于没有合乎规范的矿山开采设备，透水、瓦斯爆炸等矿难事故时有发生，严重威胁到国家及人民群众的生命和财产安全。同时规模较小的违规开采不仅给那些正规的开采企业带来了巨大的安全隐患，也给大矿区的开采制造了障碍。

（3）矿产资源开发的不合理造成资源浪费和环境污染。

对矿产资源的开发本身就是一项破坏性极大的工程，如果不加以合理开发，就会对当地的资源环境造成巨大破坏。而在全国范围内，因矿产资源的开发造成资源浪费和环境污染的情况不在少数，我国矿产资源的平均总回收率仅为30%~50%，绝大部分矿山的综合利用率指数不到25%，对工业用矿废渣的利用率也仅为29%，如此低的回收率和综合利用率势必会造成我国矿产资源的浪费。在环境方面，矿产资源的开发严重地破坏了地表环境，损害了矿区周围区域的生态环境，造成恶性后果。开发时随意堆积排放废弃物，如矿山的废石、产出的废渣、排放的废水等，既占用、破坏了耕地资源，又污染了当地环境。

1.2　问题的提出及选题的意义

1.2.1　问题的提出

在我国国民经济生活中，有高达92%的一次能源来自矿物能源。在这些一次能源中，煤、石油、天然气较为常见，这三种能源在世界和中国的一次性能源消费构成中，占比分别是93%、95%左右。其中，煤能源在我国的一次能源消费结构中处于绝对优势地位。但由于石油、天然气、核能这些能源不断被开发利用，并且它们在消费结构中的比重越来越大，因此煤的占比逐渐降低。石油、天然气和煤等能源矿产资源也是工业的重要原料，我国工业经济发展与能源矿产资源消耗息息相关。

矿产资源具有数量有限、分布不均衡且不可再生的特征。能源矿产作为矿产资源的一种，同样具备这些特点。根据自然资源部公布的《中国矿产资源报告（2018）》，我国能源矿产中煤炭、石油、天然气、页岩气等在2017年的查明储藏数量有所增长，目前勘查的新增资源数量高达50亿吨的煤田有3处、探明有2处油田地质储量已经超出亿吨、天然气田不少于500亿立方米的有3个。报告显示，我国页岩气在2018年4月底累计探明地质储量有万亿立方米以上（见表1－1和表1－2）。

表1－1 2013—2017年我国矿产查明资源储量

矿产	2013年	2014年	2015年	2016年	2017年
煤炭（亿吨）	14842.9	15317	15663.1	15980.01	16666.73
石油（亿吨）	33.7	34.3	35	35.01	35.42
天然气（亿立方米）	46428.8	4951.8	51939.5	54365.46	55220.96
煤层气（亿立方米）	—	—	3062.5	3344.04	3025.36
页岩气（亿立方米）	—	254.6	1301.8	1224.13	1982.88

资料来源：自然资源部《中国矿产资源报告（2018）》。

表1－2 2013—2017年煤炭查明储量及同比增长率

矿产	2013年	2014年	2015年	2016年	2017年
煤炭（亿吨）	14842.9	15317	15663.1	15980.01	16666.73
煤炭同比增长（%）	—	3.2	2.7	2	4.3

资料来源：自然资源部《中国矿产资源报告（2018）》。

根据表1－2可知，近五年煤炭查明储量呈稳步上升态势，其增长率明显高于石油，这是因为政府为了解决北方地区清洁取暖问题，提出并实施了“煤改气”政策。

油气对外依存度不断攀升已成当今中国能源革命中面临的一大挑战。中国石油对外依存度高达67.4%，这是一个令人震惊的数字（见图1－1）。当石油对外依存度达到50%时，在一定程度上来说是比较危险的，会威胁到能源供应安全，而我国早在2009年就已达到50%。可见我国对进口石油的依赖程度十分严重，国民经济的发展离不开进口石油的供给已成为难以扭转的局面。

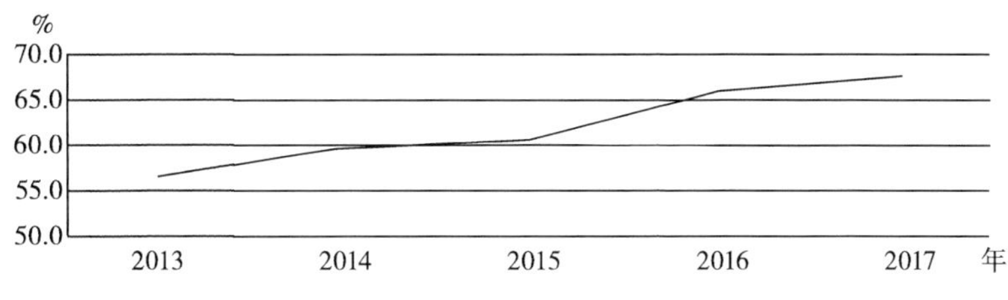

图1－1 2013—2017年石油对外依存度

天然气和石油面临同样的问题，就是消费增速远高于产量增速。中国石油集团经济技术研究院2019年1月16日在京发布的《2018年国内外油气行业发展报告》指出：我国要改变能源消费结构，不再将煤炭作为最主要的消费能源，要将目标向可再生能源转移，在此环节中，显然天然气会担任重要角色。在国家致力于在蓝天保卫战中取得胜利的同时，“降煤增气”是首要选择。这一政策会大大刺激天然气需求市场。

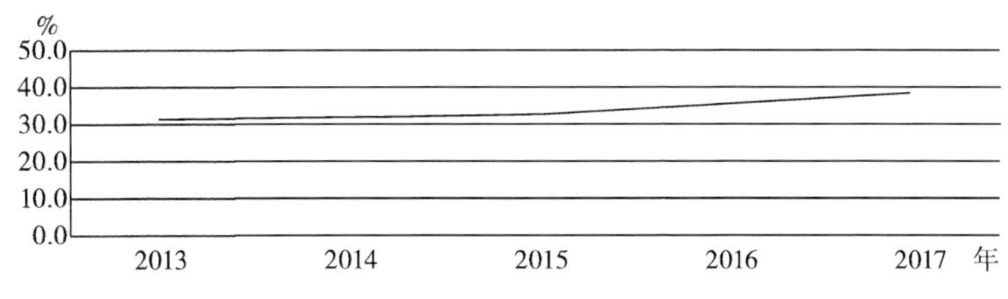

图1－2 2013—2017年天然气对外依存度

高速发展的经济需要大量的矿产资源作为基本物质条件，我国国土辽阔，又是一个人口大国，人口数量只增不减，能源矿产的开采力度在国民需求增长的情况下逐渐加大，这使得我国能源矿产的人均拥有量大为减少，能源矿产的高消耗和浪费与能源矿产短缺形成强烈反差。我国天然气对外依存度处于持续上升状态。2017 年 8 月 21 日，国家发展和改革委员会同环保部联合发布了《京津冀及周边地区 2017—2018 年秋冬季大气污染综合治理攻坚行动方案》，明确 2017 年在北京、天津、河北、河南和山东部分地市（简称“2 + 26”城市）实施冬季清洁取暖重点工程。这使得天然气需求大大增加，导致供不应求状况加剧。

根据以上三种重要能源矿产资源的储存量和供需情况，不难发现，矿产资源的开采过度与超额生产都是源于高消耗和滥用浪费，这些行为使得剩余可采储量的人均占比下降，随之而来的是进口能源的需求不断上升，如进口石油的大幅引进，我国对一些进口能源的依存度不断上升。随着我国成为石油进口大国后，我国从国外进口石油的频率瞬间加大，对进口石油的引进量不断增加，已经是位居世界第二的石油进口国，名次仅低于美国。同期国际原油价格也出现一路攀升的情况，对于我国拉动经济增长来说，这些现状导致能源成本不断被抬高，长期下去甚至会危及国家安全。近 30 年，我国对诸如石油、天然气等这类主要能源矿产的需求量明显增加，数据显示，从全球来看，我国大宗矿产的产量占比达到 40% ~50%，消费量占比同样达到 40% ~50%，不仅如此，有些矿产品已经高达 60% ~70%。而在近 20 年里，中国甚至凭一己之力拉动了全球的总体矿产需求增量。因此，如何改善能源矿产资源的开发情况以及提高能源矿产利用效率成为亟待解决的问题。

1.2.2 选题的意义

1.2.2.1 理论意义

目前的文献专门以“能源矿产”为研究主题的还较少。对于“能源矿产资源”方向的研究近几年才引起关注，如陈丽萍在《中国能源矿产可持续问题研究框架》中，对中国能源矿产可持续发展问题进行了研究；孙晓猛等在《中国能源矿产态势与可持续开发利用对策》中，分析了我国能源矿产的现状，提出了可持续开发利用的对策建议。我国目前对能源矿产的研究，多侧重于技术角度、法律角度，而具体分析其开发及利用效率的文献几乎没有。本书结合能源矿产资源的耗竭性和综合承载力，构建我国能源矿产资源的承载力模型并对其利用效率进行实证分析，根据实证数据结果总结规律，并据此提出一些针对性的建议，以期为我国矿产资源的开发利用建言献策。

1.2.2.2　实践意义

能源和环境问题一直是近几年的研究热点。根据《中华人民共和国国民经济和社会发展第十三个五年规划纲要》（以下简称《“十三五”规划纲要》）开篇提出，“资源环境”在我国社会发展中与“经济发展”同样重要。这对于我国能源未来发展方向的确定有重要引导作用。《“十三五”规划纲要》表示我国的生产方式及生活方式要以绿色环保为重，并不断提升低碳水平。要坚持以提高能源资源方面的开发及利用效率为目标，动用力量控制能源及水资源的消耗。根据《“十三五”规划纲要》第三十章的内容，我国现阶段应该进行能源革命，并对能源生产及利用方式的变革进行助力，提高效率的同时也能有效维护我国能源安全。《“十三五”规划纲要》指出能源结构的优化至关重要，因此推动其升级并建设国家级的综合能源基地具有重要意义。政策明确了要加强各方面的油气勘探及开发，通过有序地开放矿业权，进一步调动开发天然气、煤层气、页岩油（气）的积极性。无论从世界范围还是从中国的角度来看，能源问题的解决都离不开能源矿产的开发利用。对于我国现状来说，研究能源矿产的开发和利用，能够帮助我们对我国能源及环境问题进行深入了解并找到解决方案。同时，在矿产的开发利用上注重其合理性，取之有度，对能源矿产资源进行保护，尽可能避免发生浪费现象，这种保护体系的构建也是对我国目前所提倡的建设节约型社会的一种响应。

1.3 研究内容

第 1 章为导论。本章主要介绍了本书的研究背景、根据现状提出问题、研究意义、研究内容、研究方法、技术路线和创新点。通过梳理我国能源矿产资源的态势及相关文献，概括出本研究的背景和创新之处，通过对态势的具体分析提出研究能源矿产资源开发和利用效率的必要性和意义所在。

第 2 章为相关理论基础和研究评述。介绍了资源稀缺论、资源价值论、资源耗竭论、资源可持续发展论、资源产权论、生态资本理论等相关理论，并对本书所使用的方法——模糊综合评价法、主成分分析法、面板数据分析、DEA 数据包络分析进行介绍。本章从能源矿产资源开发与经济发展、能源矿产资源需求与资源短缺、能源矿产资源开发利用中存在的相关问题、能源矿产资源的可实行战略、能源矿产资源的相关立法监管、资源税对能源矿产资源的影响等六个方面分析能源矿产资源开发及利用效率的国内外研究现状。

第 3 章为能源矿产及其特点。首先介绍了矿产资源及其特点，其次介绍了能源矿产及其特点，最后介绍了能源矿产开发利用与中国经济发展。在矿产资源及其特点这一节里先说明了矿产资源的定义，之后列出了矿产资源的特点，矿产资源具有耗竭性与不可再生性、稀缺性、分布不均匀性、动态性以及隐蔽性。在能源矿产及其特点这一节中先说明了能源矿产的定义，之后列出了能源矿产的特点，即可替代性和紧缺性。在能源矿产开发利用与中国经济发展这一节中，结合经济发展实际，对中国能源矿产的开发利用进程进行分析，然后进一步讲述我国能源矿产在开发及利用方面的现状。

第 4 章是能源矿产资源的资源耗竭和综合承载力分析。介绍我国能源矿产资源稀缺性和耗竭性的相关表现。本书运用因素分析法从生态环境承载力、人口承载力、水资源承载力、土地资源承载力四个方面对我国能源矿产资源综合承载力进行分析。资源承载力不是一个简单的关于数值的概念，而是一个范围区间，这种区间具有模糊不确定性的特征，因此我们可以使用模糊识别模型对其进行多因素的综合性评价。以上分析可以较为全面地反映区域资源的承载能力，再运用模型综合分析我国能源矿产资源的综合承载力。

第 5 章为能源矿产资源开发效率实证研究。本章主要内容是构建能源矿产资源开发效率评价指标体系，分析能源矿产资源开发效率评价方法，最后以石油开发企业为例基于 DEA 法对能源矿产资源开发效率的案例进行研究。通过定量分析较为准确地评价我国能源矿产资源开发效率水平，剖析开发效率现状及影响高效利用存在的问题。

第 6 章为能源矿产资源利用效率实证研究。通过对 2001—2016 年的能源矿产资源消费总量及构成进行分析，得出结论：我国的能源矿产资源消费总量逐渐增加，但近几年的增长率有所放缓。通过建立面板数据模型对经济发展水平、城镇化水平和能源消费结构对我国能源矿产资源利用效率的影响方向和程度实证分析，得出以下结论：经济发展水平（*ES*）与能源矿产资源效率呈正相关关系，经济发展水平越高，该地区的能源矿产资源利用效率就越高；城镇化水平（*CL*）对能源矿产资源效率有正向影响，城镇化水平越高则能源矿产资源利用效率越高；能源矿产资源消费结构（*ST*）对能源矿产资源利用效率产生消极影响，煤炭的消费量占总能源矿产资源的消费量越高，能源矿产资源的利用效率反而越低。

第 7 章为促进能源矿产合理开发利用的发展战略研究。分别对能源矿产的开发效率和利用效率进行实证分析，得出一系列结论，并从国家宏观层面、企业层面和社会公众层面三个维度提出相应的对策建议。在国家层面，加强立法监管，实现职能分离；明确矿权责权范围，提高矿政管理水平；建立经济分区，平衡能源资源分布和开发；提高违法成本，规范开发行为。在企业层面，构建绿色供应链，实现绿色开发生产；加大勘查力度，实现多位一体协同勘查；促进资源开发团队组织变革，提高团队综合水平。在社会层面，引导公众参与，增强社会意识；完善反馈机制，科学管理决策。

第 8 章为研究结论与展望。本章是对全书进行概括总结，同时指出本研究存在的局限性以及对未来的展望。

1.4 研究方法与技术路线

1.4.1 主要研究方法

1.4.1.1 文献研究法

在中国知网、Google 等相关学术网站上收集近年来与本研究领域相关的文献，并深入了解能源矿产这一领域的研究现状及国家政策的一些变化，结合相关理论与前人的研究，进一步总结出自己的观点，最后以此确定本书的研究出发点。在借鉴和吸收国内外学者观点的基础上，结合实际明晰文章的主要核心及总体思路。

1.4.1.2 定性与定量分析结合法

第 4 章在研究造成能源矿产资源承载力变化的因素时，我们发现既有直接因素，也有间接因素，并且它们的影响长短不一，有些属于诱发性的，有些属于积累而成的。但总体而言，所有因素其实都是能够使用定性分析来选择的，如专家咨询、参考现有研究成果等。通过对已有影响因子的分析，对不合理的因素进行初步排除，全部划分类别之后再定性分析得出结果。完成之后，再进行定量分析，如因子分析等，对根据统计资料和调查得来的具体数据进行量化，并采用 SPSS 软件分析数据，通过以上操作找出这些因素中的主导者，构建出能源矿产资源的综合承载力评价指标体系。

1.4.1.3 案例分析法

本书第 5 章以石油开发企业为例，利用 DEA 法对能源矿产资源开发效率进行研究。根据对石油开发企业开发效率的研究，构建效率评价体系，通过定量分析较为准确地评价我国能源矿产资源开发效率水平，调查摸清开发效率现状及影响高效利用存在的问题。

1.4.2 技术路线

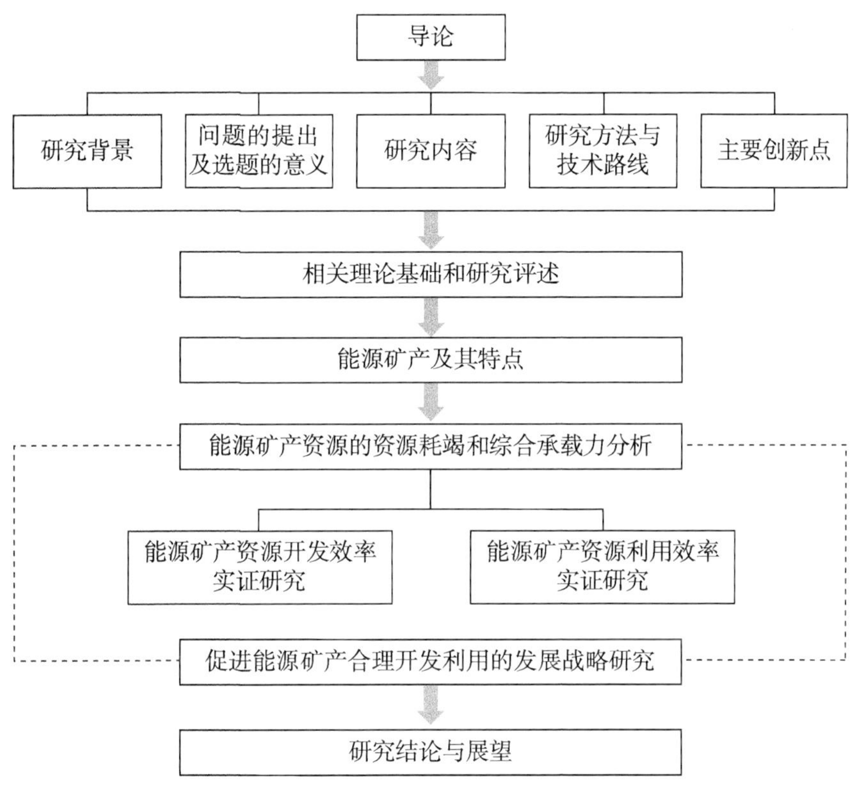

图1－3 本书研究技术路线

1.5 主要创新点

本书创新之处主要体现在以下几个方面：

第一，在研究主体上，对煤炭、石油及天然气等矿产资源进行统一研究，可以规避单项主体研究的一些弊端，对我国能源矿产开发和利用的策略制定十分有利。此外，本书对于部分理论性的问题及能源矿产资源开发利用方面的思路，也颇具创新意义，并根据研究成果提出了一些具有针对性的对策建议。

第二，目前我国在能源矿产资源开发效率评价层面的研究还不够深入。现实中能源矿产在开发效率上表现出的问题与其开采方式有着密切联系，而在学术界的研究中，大部分学者都将焦点集中在资源的利用率上，忽略了其中的影响。本书将此因素考虑进去，并根据开采方式的不同具体分析开发效率问题。这不仅有利于科学地评价结果，更体现了研究过程的严谨性。

第三，在矿产资源的开发效率评价上，由于所涉及的知识面较广，所涉足的领域或区域较大，加大了科研难度，因此在这一方面的分析上，学者们多使用定序评价，很少有研究结合定性评价，相较而言，定量评价计算出来的结果才更加可信。本书采用定性和定量相结合的方法，构建能源矿产资源开发及利用效率模型，通过实证数据得出相关结论，创新性地量化了评价结果。

第2章 相关理论基础和研究评述

2.1 相关理论与研究方法概述

2.1.1 资源稀缺论

资源是具有稀缺性的。资源的稀缺性是由人类本身“制造”出来的。由于人类对更高生活品质的追求，会受到时间、空间以及各种资源的限制，这些将会带来更多的问题与麻烦。因此，人们需要付出更多的努力去克服并解决这些问题。从这个层面来说，稀缺性不一定会成为人类生存上的问题，但相对于人们的“过度需求”，稀缺性的假定无疑是成立的。

1789年，马尔萨斯在《人口原理》中提出了“自然资源极限”思想以及著名的人口论。他认为，资源在物理数量上具有有限性以及在经济上具有稀缺性，这两个性质不会因技术的进步和社会的发展而改变。人类如果不能意识到自然资源的有限性而选择继续大量消耗自然资源，自然资源和环境就会遭到严重破坏，导致人口数量的灾难性减少。里昂·瓦尔拉斯（Léon Walras）在分析价值问题时，使用了他父亲在《财富本质和价值起源》一书中提出的“稀少性”一词，他认为价值取决于物品的“稀少性”，即取决于“一个单位商品的消费所满足的最后欲望的强度”。

2.1.2 资源价值论

资源价值论是指不仅要识别各种资源存在的价值，而且要充分利用这些价值，通过开发利用和提升企业资本的价值来推动企业资本的升值。这些资源持续增加价值，推动经济增长和可持续增长，以新的经济意识推动经济发展和可持续发展。

能源矿产因其稀缺性、耗竭性和不可再生性而显得更有价值。矿产资源是人类社会生存的重要物质基础，是国家安全和经济发展的重要保障。能源矿产对于中国经济发展和人民物质生活的价值是无法估量的。

2.1.3 资源耗竭论

地球上的能源和矿产资源终将耗尽，并不是取之不尽、用之不竭的。一经开采，它们的总量就会减少，直到完全耗尽为止。矿产资源耗竭补偿是以经济形式对矿产资源日益稀缺而导致的勘查、开发费用上涨所进行的部分支付。在发现和寻找替代资源的速度慢于开发和消耗大量资源的背景下，矿产资源枯竭的趋势日益明显。

2.1.4 资源可持续发展论

可持续发展理论指的是在满足当前需求的同时，不会对后代满足其需求的能力构成危害，以公平性、连续性和共同性为三大基本原则。可持续发展理论的最终目标是实现共同、协调、公平、有效和多方面的发展。能源矿产资源的开发利用必须走可持续发展的道路，正确选择能源和原材料的使用方式，努力减少损失，消除浪费，减少经济活动带来的环境压力，从而实现有意义的经济增长。

早在18世纪，可持续发展理论就已经在经济学研究领域成为热点，出现了许多重要的研究理论和成果，为经济学领域的可持续发展理论奠定了坚实的基础。美国人乔治·马什早在18世纪就提出了自然保护理论，并大力倡导创建人与自然的和谐关系。之后，经济学家们探究了土地等自然资源与经济发展之间的关系，并就可持续发展做了大量研究工作。西方国家在工业化进程中所形成的工业增长指标作为社会发展的唯一衡量标准，体现在对 GDP（国民生产总值）和高速增长的追求上。单方面追求 GDP 增长的社会发展模式给人类社会带来了生态环境的破坏和严重恶化。当排出的废弃物超过环境本身的净化和容纳能力时，将导致生态环境的恶化。生态环境的破坏将不可避免地阻碍经济的发展。可持续发展理论作为研究能源矿产资源开发的基础，用来指导具体原则的解释和应用，制定和调整法律政策，建立和完善相应的规章制度。

2.1.5　资源产权论

资源产权是指拥有资源和使用资源的权利。从历史上来看，人类社会和经济的发展一直是通过消耗地球上的资源和能源来维持的。在人口稀少、生活水平低下的时期，人们消耗的资源较少，人口、资源和环境之间的矛盾并不突出。现阶段社会和自然的相互关系表现为发展生产力与它们对环境状况的影响和自然抵御生产负作用的能力之间的矛盾日益尖锐化。

在经济学中，产权的基本内容包括行动团体使用和转移资源的权利以及享受收入的权利。资源产权按结构划分一般会有三种形式：公有产权、私有产权以及混合产权。对于绝大多数的自然资源来说，如果在不考虑政治因素的情况下，私有产权制度对于提高效率和环境保护更加有利。产权的效率主要取决于产权的完整性，私有产权具有产权的全面性、排他性和可转让性，权力完备；公共产权是没有明确界定的产权，会产生诸如“市场失灵”等不利的经济现象。

2.1.6　生态资本理论

1995 年，世界银行将资本分为四部分：人力资本、人造资本、生态资本和社会资本。生态资本是在传统资本概念的基础上发展起来的。

资本是可以带来剩余价值的价值，是稀缺的生产要素。通过这个概念，我们认为生态环境也是一种生态资本。

生态资本主要包括四个方面：自然资源总量、生态环境质量、生态潜力和环境自净能力。在一定条件下，可以通过对让渡生态成果的群体收取相应费用等途径内部化其收益，激励人们从事生态保护。生态资本理论关注市场和政府的作用，认为在边际私人成本、收益与边际社会成本、收益相背离的时候，仅依靠市场作用实现不了社会福利最大化和资源最优配置，政府还需要采取某些经济政策来消除这种背离。

2.1.7 模糊综合评价法

模糊综合评价方法是一种基于模糊数学的综合评价法。根据模糊数学的隶属度理论，综合评价方法将定性评价转变成定量评价，即通过模糊数学综合评价受到各种因素影响的事物或对象。它具有结果清晰、效果性强的优点，可以有效地解决模糊以及难以量化的问题，适用于解决各种不确定性的问题。

在讨论模糊集对分析理论之前，不得不介绍集对分析理论。集对分析理论（SPA）是由我国著名学者赵克勤先生在1989年创立的一门新兴学科，它是一种通过联系数“$a + bi + cj$”对模糊、随机、中间与其他不确定系统进行统一处理的理论与方法。当前，集对分析理论已广泛应用于自然科学、社会经济等领域。我们在对不确定性系统进行描述时所用到的理论有两个：一个是描述随机不确定性的概率和统计理论，另一个则是模糊不确定性的模糊理论。概率统计理论对于系统的独立性要求很高，而模糊逻辑理论对主观经验过分依赖，因此，这两种理论有各自的缺点。1989年，赵克勤提出了集对分析理论，又被称为“接触数学”。

模糊集对理论是将模糊逻辑理论应用到集对分析中，并通过两种集合的同一性、差异性和对立性三个方面系统的不确定性进行研究。模糊集对分析理论在处理不确定性问题时更加客观，操作也更加简便，已经被成功应用于人工智能、系统控制以及管理决策等领域。1956年，美国自动控制专家 L. A. Zadeh 教授首次提出了模糊集合理论的概念，用来表达事物的不确定性的特点。

模糊综合评价方法的应用步骤如下：首先，对各级进行评价因素设定（F），可以将第一级评价因素设定为价格、商务、技术、配套服务等（主要针对机电产品）；必要时，可以对下属的第二级评价因素进行设置。①第一级评估因子“价格”不一定需要设置下属的第二级评价因素（当然，也可以设置，例如，总价格、价格构成的合理性、投标报价表的完整性以及各种价格内容的清晰度等）。②可以将交货期、付款条件和付款方式、质保期、业绩、信誉等第二级评价因素设置为第一级评价因素“商务”的下属。③一般情况下，一级评估因素“技术”也需要设置第二级评价因素，它的内容主要基于项目的具体情况确定并设置。④可以将售后服务的响应时间、质保期后的售后服务收费标准、售后服务机构和人员、培训等第二级评价因素设置为第一级评价因素“伴随服务”的下属：如果有必要，还可以进行下属的第三极评价因素的设定。通常情况下，在第一级评价因素为价格、商务、伴随服务时，其下属的第二级评价因素就没有必要再设置下属的第三级评价因素。在有可能需要的情况下，第一级评价因素“技术”下属的第二级评价因素可以设置第三级评价因素。其次，还需要对评估规则进行规定细化，并且对评价值和评价因素值之间的对应关系（函数关系）进一步进行确定。

2.1.8　主成分分析法

主成分分析也称为主分量分析，主要是通过主成分分析来降低维度，并将多个指标合成一些独立的指标（主成分），每个指标都可以反映原始变量中的大部分信息，且其中包含的信息不重叠。该方法将复杂因素集合到几个主要组成部分中，同时引入了多方面变量，从而简化了问题并获得了更加科学有效的数据信息。在对实际问题的研究过程中，为了能够对问题进行系统而又全面的分析，就要求我们必须对多重影响因素进行分析。这些涉及的因素一般称作指标，在多元统计分析中也称为变量。由于每个变量都在不同程度上反映了所研究的问题的某些信息，并且不同的指标之间存在一定的相关性，因此，所获得的统计数据所反映的信息都会存在一定程度上的重叠，主要方法是特征值分解、SVD、NMF 等。

主成分分析是一种数学变换方法，主要通过线性变换将给定的一组相关变量转换为另一组不相关的变量，并将转换出来的数据按照方差递减的顺序进行依次排列。在数学变换中能够保持变量的总方差不变，具有最大方差的第一变量一般被称为第一主成分，第二变量的方差次大，并且与第一变量没有相关性，称为第二主组件。通过类比，即使是一个变量，也会有主成分。其中，L_i 是 p 维正交化矢量（$L_i \times L_i = 1$），并且 Z_i 彼此都不存在相关性，一般是根据方差由大到小顺序排列，将 Z_i 称为 X 的第一主成分。将 X 的协方差矩阵设为 $\sum$，则 $\sum$ 必须是半正对称矩阵，计算出特征值 λ_i（从大到小进行排序）及其特征向量，结果可以证明 λ_i 所对应的正交化特征向量就是第 I 个主成分 Z_i 所对应的系数向量 L_i。Z_i 的方差贡献率被定义为 $\lambda_i / \sum\lambda_j$，大部分情况下，所取的主成分的数量 k 需要满足 $\sum\lambda_k / \sum\lambda_j > 0.85$ 的条件。在主成分分析之后，可以进一步使用 K－L 变换（霍特林变换）对原始数据进行投影变换，以达到降维的目的。主成分分析的基本思想是将矩阵中的样本数据投影到新空间中。对于矩阵，对角化特征根和特征向量的过程也是在标准正交基础上投影它的过程，并且特征值对应于特征向量方向上的投影长度，因此，在这个方向上所携带的原始数据的信息就多。

主成分分析的主要目的是使用较少的变量来解释原始数据中的大多数变量，并将许多高度相关的变量转换为彼此独立或不相关的变量。它通常从一些小于原始变量的新变量中选择，并且可以解释大多数数据中的变量，即所谓的主成分，以及用于解释数据的综合指标。因此，主成分分析实际上是一种降维方法。

2.1.9　面板数据分析

面板数据，即 Panel Data，也称为“平行数据”，是指在时间序列上选取多个截面，并同时在截面上选取样本观测值所构成的样本数据。或者说它是一个 $m \times n$ 的数据矩阵，它在 n 个时间节点上记录 m 个对象的某个数据索引。它有时间序列和序列两个维度，当数据按这两个维度进行排列的时候，它被安排在一个平面上，与仅有一个维度的数据排在一条线上存在明显差异，整个表格呈现出来之后像一个面板，因此，Panel Data 被翻译为“面板数据”。但是，如果就其内在含义进行分析，将 Panel Data 翻译成“时间序列—横截面数据”更有利于显露出这类数据的本质特点。此外，也有学者将其译成“平行数据”或“TS - CS 数据”（Time Series - Cross Section）。

面板数据分析方法是近几十年才发展起来的新统计方法。面板数据可以克服时间序列分析中的多重共线性问题，从而提供更多的信息、更多的变化、更少的共线性、更多的自由度和更高的估计效率，面板数据的单位根检验和协整分析也是前沿领域之一。面板数据的单位根检验方法主要有：Levin，Lin 和 Chu（2002）提出的 LLC 检验方法；Im，Pesearn 和 Shin（2003）提出的 IPS 检验；Maddala 和 Wu（1999），Choi（2001）提出的 ADF 和 PP 检验等。面板数据的协整检验方法主要有 Pedroni（1999，2004）和 Kao（1999）提出的检验方法，这两种测试方法的最初假设全部认为不存在协整关系，而是直接从用于测试的面板数据获得残差统计量。Luciano（2003）通过运用 Monte Carlo 模拟来比较协整检验的几种方法，结果表明，在 T 较小（大）时，Kao 检验比 Pedroni 检验具有更高（低）的功效。

2.1.10　DEA 数据包络分析

运筹学家 A. Charnes，W. W. Cooper 和 E. Rhodes 在 1978 年首次提出了一种被称为数据包络分析（DEA）的方法，主要用来评价部门间的相对有效性。他们的第一个模型被命名为 CCR 模型。从生产函数的角度来看，该模型是一种同时具有“有效规模”和“技术有效”的理想而又有效的方法，主要适用于具有多个输入的，特别是具有多个输出的“生产部门”的研究。1984 年，R. D. Banker，A. Charnes 和 W. W. Cooper 提出了一种 BCC 模型。1985 年，Charnes，Cooper 和 B. Golany，L. Seiford，J. Stutz 提出了另外一种被称为 CCGSS 的模型，这两种模型主要用于研究生产部门之间的“技术有效性”。为了进一步估计“有效生产前沿面”，Charnes，Cooper 和魏权龄在 1986 年利用 Charnes，Cooper 和 K. Kortanek 在 1962 年最先提出的半无限规划理论，对具有无穷多个决策单元的情况进行研究，并提出了一个全新的数据包络模型——CCW 模型。1987 年，Charnes，Cooper，魏权龄和黄志民通过研究又得到了一种被称为锥比率的数据包络模型——CCWH 模型。该模型主要被广泛用于处理输入和输出过多的情况。此外，锥体的选择可以较准确地反映出决策者的“偏好”。通过对这一模型进行灵活的应用，可以对 CCR 模型中所确定的 DEA 有效决策单元进行分类或排队等。这些现有模型以及即将提出的模型都在不断完善及进一步发展。DEA 有效性和帕累托最优对于相应的多目标规划问题的有效解（或非支配解）是基本一致的。数据包络分析（DEA）可以被认为是统计分析领域的一种全新方法。它主要是通过一组关于输入—输出的观察值来对有效生产前沿面进行估计。数据包络分析正成为运筹学的一个全新研究领域。通过对弱智儿童开设公立学校项目进行评价，同时可以描绘出反映大规模社会实验结果的研究方法，是 Charnes 和 Cooper 等人对于 DEA 应用的成功案例。对此案例进行评估时，无论是包括“自尊”在内的无形输出指标，还是包括父母的照料和父母的文化程度等输入指标，都不能与市场价格进行比较，也很难轻易确定适当的权重（权系数），这也是 DEA 的优点。

2.2　国内外研究现状

从近年来的相关文献来看，以“能源矿产资源开发与利用”为主题的文章数量逐渐增多。

2.2.1　能源矿产资源开发与经济发展

王锋正、郭晓川（2015）以内蒙古为例，研究了西部地区环境规制、能源矿产开发与经济增长的关系。他们认为，能源矿产资源的开发对西部地区的经济增长具有重要的积极影响。环境监管在过去极大促进了中国西部地区的经济增长。

韩杰（2007）在文章中指出，能源矿产资源是确保国家安全的重要组成部分，是整个世界经济发展的重要保证，也是矿产资源中极为重要的组成部分。面对世界经济的快速发展，中国许多加工企业不断发展壮大，不可避免地导致对能源型矿产资源的依赖，对能源矿产的需求日益增加。如果缺乏对形势的详细了解、对能源政策清晰的认识，将严重影响中国的经济发展速度和战略地位。

Habakkuk 通过对美国经济增长史的实证研究发现，美国工业化的成功与其煤、铜、石油、铁矿石等矿产资源开采和生产是分不开的。

Stefan 等人进一步研究发现，资源价格的变化将进一步影响相关工业产品的生产和价格，从而影响国家的经济发展。

范振林、马茁卉、黄建华（2016）认为，能源矿产是社会经济活动的重要保障因素，是国民经济发展的物质基础。能源矿产的生产和消费与世界经济状况密切相关。世界经济经历了多次“发展—经济衰退—复苏—重建”过程，受其影响，能源矿产资源的生产和消费也经历了类似的过程。由于能源矿产资源具有中间产品的特征，因此其产业链可延伸到国民经济中。经济和社会发展表现出对能源矿产资源的高度依赖，反映了能源矿产对人类富裕和国民经济发展的重要性和制约作用。中国的煤炭、石油和天然气消费与工业和重工业的增长呈正相关关系，也就是说，能源消费的增长对工业和重工业的增长有一定的影响。能源矿产消费增长与工业和重工业产出增长之间的相关系数分别为0.83和0.69。

张举刚、周吉光等（2005）研究发现，快速发展的工业经济导致大量能源被消耗，由化石燃料燃烧产生的一氧化碳等温室气体是全球变暖的主要原因。发展低碳经济，提高能源效率，促进新能源的合理使用，降低工业生产中的碳排放，已经逐渐成为世界各国在未来发展中的必然选择。低碳产业体系主要包括火电减排、节能建筑、工业节能与减排、资源回收利用、节能材料的创新等方面。它要求尽量降低在工业生产中煤炭、石油等高含碳量的化石燃料的使用，从而有利于减少温室气体排放。因此，由于低碳经济的大力推进，矿产资源获得了参与宏观调控的契机。

陈从喜、吴琪、李政、崔新悦、葛振华（2017）发现，2016年中国矿产开发利用结构不断优化，全国矿山总量同比下降7.33%；同时，大、中型矿业企业比重分别上升0.35%和0.32%。我国矿产资源的开发总量从西部到中部再到东部呈下降趋势；但是，中部地区矿业企业的整体利润水平较低。西部地区人均工业总产值、人均矿产品销售收入和人均利润均大于东部地区。中部矿山人均工业总产值、人均矿产品销售收入和人均利润最低。我国矿产资源的开发利用呈现出良好的发展态势，特别是战略性新兴产业的发展，促进了“三稀”金属资源的开发。

2.2.2 能源矿产资源需求与资源短缺

魏晓平等（2002）认为，能源矿产资源是可耗竭的。由于资源具有有限性、稀缺性以及不可再生等独特性质，大量开采和使用最终将会导致其储存量为零，从理论意义上来说是达不到持续利用的。这说明如果持续在生产中投入可耗竭资源，那么在以后的工业生产以及消费中就无法无限地持续下去。

庄立、刘洋、梁进社（2011）研究发现，能源资源以及耕地资源在中国自然资源中的渗透性最强，其中，耕地资源的渗透性一直位居前列，而石油和天然气的排名则迅速上升。从 2000 年到 2009 年，与世界平均水平相比，中国能源矿产资源是非常稀缺的，而且它的稀缺程度逐渐呈上升趋势。四种能源资源中以石油最为稀缺，煤炭和天然气位居其次，而铀资源与其他国家相比也不再具有相对优势。中国金属及非金属矿产资源中，以钾盐、天然碱、钴、镍、铝的相对稀缺程度最为严重，仅钼、钨、钒、磷、锑和白银这六种资源的丰富度相对其他资源而言较高；铁矿石的稀缺程度也在逐年上升。中国的可再生资源都表现出了相对稀缺性，而且耕地资源的相对稀缺程度有明显加重的趋势。由于中国耕地的过度使用，即便目前我国粮食资源已经无限接近世界平均水平，中国现有的耕地资源仍然存在严重短缺的情况，中国的粮食安全正面临着巨大的威胁与挑战。

张新伟、吴巧生、孟刚（2008）认为，由于能源矿产资源产权所具有的稀缺性、垄断性、风险性、环境价值和产权价值不对称、产权的易逝性、合约的不完整性和高交易性成本以及其他问题，因此其产权价值难以确定。

张存刚、田彦平（2017）认为，各种“资源”或生产要素的私有者都是主要通过价格来追求收益或增殖的，尤其在特定历史阶段，是通过社会资本利润率平均化机制来实现的。在当前的市场经济条件下，从本质上来说，各种商品或资源都是资本关系的主要承载者。从整个社会来看，各个资本的利益表面上高度一致，但从单个资本来看，各个资本之间却存在着由于追逐利润而引起的竞争关系。当全社会剩余价值总量基本保持不变时，只有不停地追逐资本的特殊性和独特性，每一个资本拥有者（或资源拥有者）才能分享更多的利润，这主要表现为资本所有者追逐资本关系载体的稀缺性（无论这种载体是商品、非商品还是子虚乌有的东西），并且如果它的稀缺程度越高，价格就越高，在竞争中所得到的剩余价值（或利润）也就越多。因此，资源稀缺性在本质上体现了作为资本载体所有者在激烈竞争中获取更多利润的内在要求。

韩玥（2009）认为，使用耗竭性的资源必须有多种选择或机会。耗竭性资源的机会成本主要取决于耗竭性资源的稀缺性，将耗竭性资源的个别应用、消费过程作为出发点，以各个部门、行业及至整个社会的经济利益作为参照系数来确定，通过某种耗竭性资源对人类社会的真实使用价值进行表征。机会的具体形式不同，边际稀缺性成本的具体含义也不同。一部分耗竭性资源可以被许多经济当事人在同一种用途上使用。在这种情况下，这些经济当事人因大量使用该耗竭性资源而获得了边际私人纯收益的最大值，这就变成了经济当事人使用该耗竭性资源的边际稀缺性成本。一些耗竭性资源既可以在当前使用，也可以在将来使用。因此，现在使用该耗竭性资源，所放弃的是将来使用它可能获得的纯收益，就成为现在使用该耗竭性资源的边际稀缺性成本。

陈德敏、李世龙、何凯（2005）认为，原有的资源稀缺性表征指标只能一部分反映循环经济概念下的资源稀缺性，我们应该根据循环经济实际建设理念下的资源稀缺特征指标统计制度，充分反映经济发展中资源的使用情况，建立绿色 GDP 国民核算体系。循环经济的发展有助于资源节约，保护环境的生产方式和消费模式的形成，有助于进一步提升国民经济增长的质量和效益，有助于资源节约型社会的建设。遵守以人为本，人与自然之间全面协调可持续发展观的本质要求，是实现全面建设小康社会、构建和谐社会这一宏伟目标的必然选择。

2.2.3 能源矿产资源开发利用中存在的相关问题

刘斌、艾光华（2006）在文章中研究了中国矿产资源的特点和开发利用中存在的问题，总结了提高矿产资源利用率的措施。他们认为，我们的最终目标是寻求可持续发展的道路。在这条道路上，我们不仅要协调经济和社会的关系，还要努力协调环境和资源的关系。为了使我们的国家从资源有限型社会转变为资源节约型社会，从环境破坏型社会转变为环境友好型社会，我们必须遵守可持续发展的原则。同时，要不断整合先进的管理知识，逐步将中国从技术落后的国家转变为技术先进的国家，努力将原有的粗放型管理模式转变为科学的管理模式。

褚志伟（2011）、郭冬卉（2012）分别研究了东北地区的矿产资源现状及使用情况。他们指出了东北地区矿产资源在利用中存在的一些重大问题：开发利用方式相对落后、资源储量逐渐枯竭、矿产资源利用效率低，并提出了相应的解决方案。他们认为，为了促进东北矿业经济的可持续发展，建立东北矿业经济振兴区，必须提高矿产资源利用率，扩大产业链，不断提高资源利用效率。只有这样，东北地区才能逐步摆脱矿产资源开发利用的困境，才能有效促进经济的可持续发展，从根本上实现资源的节约和有效利用。

鞠建华、黄学雄、薛亚洲、宋猛（2018）研究发现，矿产资源保护和综合利用还有很长的路要走：第一，中国矿业市场低迷，综合利用受市场因素的影响很大；第二，优惠条件缺乏认证环节，部分节约和优惠政策的综合利用难以完全落实；第三，缺乏有效的调查和评估手段，矿产资源的开发利用水平尚不清楚；第四，矿山企业创新能力不足，节约和综合利用水平不高；第五，矿业的发展不平衡，矛盾突出，有必要推动矿业供给侧结构性改革。

李朝阳（2013）认为，能源矿产开发对区域经济和社会发展会产生很多负面影响。首先，“资源诅咒”效应影响着区域经济结构和发展质量。随着资源的开发，资源部门迅速扩张，经济结构变得扭曲，经济发展质量也会降低。其次，对资源土地的社会环境产生了负面影响。由于能源矿产开发存在生产规模大、占地面积广、生产设备和工艺复杂、生产周期长、产品产量大等特点，对社会和经济等方面都产生了广泛的影响，此外，对外部环境也形成了较强的依赖性。最后，对资源农业和农村经济的发展具有一定的阻碍作用。根据国家现有的相关政策，当涉及油田勘探开发时，农民承包的土地可以随时被征用，由环境问题造成的贫困非常严重，由于油田开发所造成的当地人民因水污染而重返贫困的现象特别突出。

翁倩（2015）认为，中国的能源采矿业已成为社会发展和进步的决定性因素，但随着经济的发展，能源和矿产企业的财务管理问题日益严重，严重制约着中国能源和矿产企业的发展。首先，缺乏风险意识。由于能源和矿产企业经营范围广泛，企业内部财务管理极为复杂，因此，财务管理人员必须转变传统的管理理念，强化财务管理的风险意识。其次，能源矿业企业的金融体系不完善。由于能源和矿产企业之间的市场竞争激烈，企业的发展面临更大的挑战。由于内部财务管理制度并不完善，很难对企业的业务活动形成正确的指导。最后，企业缺乏监督和控制。许多能源和矿产企业缺乏对财务管理的监督和控制，企业的财务管理失控。许多能源矿产企业的财务管理部门对企业的经营活动采用事后监督方式，对公司的财务活动缺乏事前控制和审计监督，从而导致公司未能形成有效、完整的监督和控制系统。为了解决这些问题，翁倩提出了一些应对措施：一是制定企业战略发展目标；二是建立财务预算控制机制；三是加强成本控制；四是改进内部控制系统。

2.2.4　能源矿产资源的可实行战略

胡振亚、白瑞、胡晓华（2012）认为，在矿产资源的开发利用中，技术应该是生态化的。这是指利用一系列生态技术开发矿产资源，合理利用材料和能源，减少污染和废弃物排放。对于废弃物和产品的回收再利用，可采用环境可接受的方式进行处置。生态技术是建立在现代生物学基础上的一种技术，有助于人与自然、人与自身之间的和谐，促进人类社会的可持续发展。

邱蔓（2017）认为，除了现今在中国发现的几个大型油田外，其他地方可能还有更多的矿产资源，如江西、青海、甘肃、四川和广东可能拥有大量天然气储量，重庆、四川、安徽、青海可能拥有丰富的石油储量，新疆、陕西和内蒙古拥有丰富的煤炭储量。同时，由于中国石油勘探技术的改进，在中国油页岩的开发中，所有含矿区仅处于详细调查和普查阶段。但是，随着中国能源勘探技术的不断完善，中国的能源和矿产开发水平必将达到一个新的高度。

1931 年，Hotelling 就提出了要对可耗竭资源的最优开采进行研究，他认为可以通过赋税等宏观调控手段，改变资源在时间上的分布并控制资源的开采和使用速度。

袁国华、郑娟尔、席晶（2014）认为，中国实施全球能源和矿产资源战略是国家发展的需要，一国经济地位和地缘政治愿望的综合影响将决定实施何种资源战略。中国自身的巨大发展需求和生态文明建设决定了其必须使用全球资源。随着中国工业化、城市化和农业现代化的快速发展，资源和环境约束日益加剧，不平衡、不协调和不可持续发展的问题依旧突出。与此同时，由于世界上丰富的能源资源不断发展，西方发达经济体对能源的需求正在不断削减，因此，更加迫切需要抓住机遇，适应国内外经济形势和能源资源形势新变化，积极调整发展战略，转变发展方式、生活方式和能源资源利用方式，在更高的层次上配置全球资源，以更低的资源成本和环境代价促进我国经济建设、社会建设和生态建设。但与此同时，在利用全球资源的过程中需要注意几方面问题：第一，积极调整经济发展方式和生活方式，节约利用资源；第二，抓住全球产业分工重组机遇，促进初级产业向西部和境外转移，踊跃参与新兴经济体工业化进程；第三，全方面参与并积极主导全球能源资源治理，确立与我国国际地位、经济实力、发展需求和全球责任相适应的话语权；第四，不断推动能源生产消费变革，增加清洁能源进口渠道，促进生态文明建设；第五，大力开发非传统和新型能源资源，发展新兴产业。

张磊（2006）以新疆矿产能源的开发利用为例，认为能源矿产资源的开发利用应以可持续发展的理念为指导，应将矿产资源置于社会经济系统和资源环境系统构成的“自然—社会—经济”三维复合巨型系统中。首先，在三维复合巨型系统中，研究了矿产资源的承载力，不仅考察了矿产资源对社会经济发展的承载能力，还考察了矿产资源与社会系统和生态环境系统的关系及其影响。其次，在矿业开发战略定位问题中，没有囿于区域经济、孤立地从地区的社会经济发展角度研究问题，而是从整个中国社会经济发展的大局来分析地区矿产资源开发的重要性，并将本地区的矿业经济置于中亚次区域经济圈加以分析。此外，还从国际政治、经济的角度，逐步分层次地将地区矿业经济与中国、中亚经济相结合，拓宽地区矿业经济发展领域。再次，在矿业产业整合调整路径方面，结合相关的矿业政策，根据目前矿业市场结构的特征，从产业与产品结构、产业组织、产业布局的角度，提出完善产品结构、提高加工化程度，扩大产业组织规模，形成四大资源密集带的布局。最后，根据矿产资源与生态环境建设的同步开发、国家产业政策，提出循环经济应与矿业发展相结合，并对矿业问题进行应用研究，设计了矿业生态产业链。

王升辉、孙婷婷、赵亚利、孔宁（2014）就中国矿产资源供给提出了相关建议。第一，必须充分利用关口。矿产资源储备是一项系统工程，应调动中央政府、地方政府和企业的积极性。产品储备与矿产储备相结合，建立多元化、灵活的矿产资源储备体系。第二，要妥善配置关口，科学配置矿产资源总开采指标，控制矿产资源总量，加强煤炭宏观调控，保持煤炭供需基本平衡。第三，要把控好行业进入关口，以规模、环境和深加工链等条件去控制重要的非金属矿产开采管理产能，对具有重要优势的矿产资源要加强开采和出口宏观调控力度，鼓励并推动相关金属企业与国际矿业进行开发与合作。第四，要把好利用关口，建立明确的资源综合利用后续鼓励性政策，推进资源整合，加快产业结构调整，在资源勘查开发过程中加强行业管理。第五，要把好科技政策关口，组织上下游产业共同研究，以产业化模式加快技术进步，推动全行业技术升级。第六，要善于调查，开展企业综合税收和承受能力的研究，确定科学合理的综合税费水平，建立符合工业特性的税费政策体系和行业发展规律，促进企业健康发展。我们应尽快研究制定有效措施，规范部门的行政管理费用，清理并严格禁止地方政府非法引入违反相关规定的收费项目，取消地方政府设立的铁路建设资金、港口建设费、监管资金等管理费，进一步扩大增值税扣除范围，并与资源税和资源补偿费相结合。

束银芳（2013）研究发现，由于中国能源战略“走出去”时间短，缺乏经验，对国际矿业管理实践不太熟悉，国际竞争力较弱，因此，实施“走出去”能源战略的关键是形成一批具有相当规模和实力的跨国能源矿产企业，以应对海外资源开发投资长期高风险的现状。

朱训（2015）认为，我国应该实施全球能源战略。首先，中国的外部环境有利于实施全球能源战略。新中国成立以来，特别是改革开放以来，中国外交工作取得了巨大成就，与许多国家的关系有了很大的改善。与 100 多个国家建立了外交关系和友好合作关系，其中很多国家都拥有丰富的石油和天然气资源，双方可以在勘探和开发方面进行合作。在经济全球化和矿业全球化的形势下，为中国实施全球能源战略创造了更有利的条件。近年来，中亚友好合作关系的发展，也为利用这些国家的油气资源缓解能源供需矛盾发挥了积极作用。与此同时，实施全球能源战略也存在不利因素。例如，伊拉克战争和中东局势的动荡将产生影响，俄罗斯和中亚的石油、天然气资源的使用也将遭遇来自其他发达国家的竞争。

陈军、成金华（2015）认为，在矿产资源的开发利用中，必须依靠产业结构升级，转变资源利用方式和产业发展的环境干预模式。技术进步对控制环境污染产生了积极影响，进一步挖掘技术潜力和加强技术创新是促进环境治理的重要手段。政府管理也对环境变化产生积极影响。在中国东部地区矿产资源的开发利用中，产业结构、技术进步和政府管理三个因素比其在中西部地区发挥的作用更大。

2.2.5 能源矿产资源的相关立法监管

欧俊（2016）认为，能源矿产是一种特殊的矿产资源，具有重要的战略地位。为了探索相关的立法监督，我们必须明确其内涵和外延。通过对能源、矿物和能源矿物概念的梳理，我们明确了能源矿物的定义：是指人类在一定的经济和技术水平下可以控制和利用的特定矿产资源，为人类的生产生活提供能源，包括煤、石煤、石油、天然沥青、天然气、煤层、可燃冰、油页岩、铀、钍、地热等。中国的能源和矿产资源的勘探、开发和利用已形成一定规模，其中的关系较为复杂，各种新旧问题交织在一起，具体表现为行政逻辑和市场逻辑的冲突、不规范和异常行为、相关制度的回应性弱等问题。在了解上述问题的基础上，提出了加强立法监督，并且从自由市场主义的角度探讨一些可行的路径。通过法律规范明确政府与市场之间的界限，可以使相关实体履行其职责。提高违法成本和规范不正当行为，可有效打击冒险行为并提供稳定的市场秩序。增强制度的约束力和响应能力，可以有效纠正和消除社会矛盾。可见，提升能源矿物的多元价值意义重大。

根据陈开琦（2008）的研究，20 世纪 80 年代，随着中国第一部自然资源单行法《中华人民共和国森林法》的颁布，自然资源的法律建设进入快速发展的新时代。截至目前，中国已制定并颁布了近 20 项有关自然资源保护、管理等法律。同时，国务院还制定了 100 多项有关环境、资源和灾害的行政法规，为严格执法提供了依据。此外，中国已经签署、批准了 60 多项国际环境保护条约，各地人民代表大会和政府已经制定了 1500 多项地方环境法规和地方政府规章，国家还颁布了一系列环境标准，初步构建了中国自然资源保护和管理的法律基础。但中国自然资源立法保护仍存在以下问题：一是缺乏全面的自然资源保护法；二是中国自然资源法律体系内部存在严重的矛盾和冲突；三是存在立法漏洞。

时颖（2012）认为，我国能源矿业权的有偿取得制度散布在各种规定中，内容零散，立法位阶低，而且有偿取得对价各构成因素性质模糊甚至冲突，不便于实践操作，因此必须将现有的规范性文件系统化。以法律编纂的形式，对现行法律、法规进行审查、修订和补充，以消除矛盾，增添新的内容，形成具有内在联系、和谐统一的法律体系。具体而言，现有的矿产资源法应该有一个关于获取能源矿业权的专门章节。这不仅有利于获得能源采矿权利，还能减少有偿取得支出的制度成本，而且这部分内容与矿业权出让、评估交易、矿业权转让等法规可构成有机联系的统一整体，使原有的法律制度更加完善。此外，实现能源矿业权有偿取得对价完全成本化是一个非常现实的指导思想，主要是为了充分补偿能源矿产资源的使用和消费，应转移已支付代价的全部费用。有偿取得对价的完全成本化是指应在出让对价中充分体现资源补偿和生态补偿两方面。

樊清华、汪冰（2010）认为，低碳发展道路和法律创新是关键的保障措施。我国要更加切实地在科学发展观的引领下，探索建立和制定有利于节约环境资源、保护环境资源的长效法律机制和政策措施，从政府和企业两个层面推动社会经济的低碳转型。针对目前某些地方，特别是一些想积极发展低碳经济的城市，在考虑低碳经济目标多样化和模式多样性的同时，应该引入相关宏观政策指导和采取立法来规范低碳经济的内涵、模式、发展方向和评价指标体系；充分借鉴国外低碳经济发展的经验教训，促进低碳经济有序健康发展；优先制订国家层面的特殊计划，然后选择典型的地区、城市和关键点，并在行业中开展低碳经济试点项目；在相对成熟的条件下创造低碳市场，合理化价格形成机制，制定财税激励机制，并结合整个税收法治体系建设，统筹考虑能源、环境与碳排放的税种和税率。

2.2.6　资源税对能源矿产资源的影响

Groth 和 Schou 通过构建内生增长模型，比较分析了资源税与资本利得，认为资源税的增长效应对经济发展能够起到推动作用。

Tieten－berg 和 Lewis 认为，征收资源税实际上是补偿在资源开采中造成的环境破坏。

Stefan 等进一步研究发现，工业产品的生产和价格会进一步受资源价格变化的影响，进而国家的经济发展也会受到影响。

张炳雷、刘嘉琳（2017）研究发现，从能源和矿产资源开采企业的角度来看，资源税负担的增加将导致矿业企业的总利润下降；从能源与矿产资源消耗企业的角度来看，资源税改革可以促进企业提高能源效率；从发展模式的角度来看，中国的资源税政策在降低单位 GDP 能耗和优化产业发展模式方面都发挥着非常积极的作用；从对价格体系的完善角度来看，能源开采企业的利润将受到税负的影响。产品价格上涨，更能充分反映能源矿产资源的内在价值和资源开采的外部成本，这将有助于完善能源矿产资源产品的价格体系。在这种情况下，通过增加资源税负担，可以有效降低单位 GDP 能耗，提高国家整体经济活动对能源的使用效率，而且能源和矿产资源消耗并不会因为资源税负担的增加而表现出显著的下降。

王萌（2010）认为，资源税可以很好地保护资源，优越的地理位置、优质的资源将产生超额利润。因此，自然优势产生的差别地租应该国有化。中国过去的资源税措施在保护资源和提高资源利用效率方面发挥了作用。然而，由于资源短缺和环境污染日益严重，仅凭调整资源税来调整差别租金是不够的。资源税还应通过税收方法反映资源产品开发中的负外部性，通过增加资源开发成本，抑制资源过度开发和维持代际公平。

白荣睿（2017）的研究发现，资源税改革以后，煤炭企业的经营成本将会增加。电煤价格从国家控制到放开，这一措施促进了煤炭价格的完全市场化，在煤炭价格的刺激下，资源价值将逐步提高。在扩大经济发展的过程中，对煤炭的需求也在增长。在煤炭需求看涨的情况下，我国提高了安全门槛，关闭了不合格的中小型煤矿。煤炭价格的话语权逐渐提高的同时，煤炭公司也在逐步提高转移成本的能力。

2.3　本章小结

本章分为两个部分，第一部分介绍了与能源矿产资源有关的理论与研究方法。能源矿产资源的相关理论包括资源稀缺论、资源价值论、资源耗竭论、资源可持续发展论、资源产权论以及生态资本论。资源稀缺论认为资源是稀缺的，资源的稀缺性是被人类自身“制造”出来的。在物理量上，资源具有有限性，在经济方面，资源具有稀缺性，这两种特性不会因技术进步和社会发展而发生变化。资源价值论主要介绍了各种资源有其存在的价值，而且人类能够充分开发和利用存在于资源中的这些价值，并通过对这些资源价值的开发和利用，带动企业资本的增值和持续增值，带动经济的增长和可持续增长，带动社会的发展和可持续发展。资源耗竭论认为地球上的能源矿产资源是会耗竭的，并不是取之不尽、用之不竭的。能源矿产资源一旦被开采利用，其总量便开始逐渐减少，直到完全耗尽。可持续发展理论主要将能源和矿产资源的可持续发展视为满足当前需求的发展，并不对后代满足其需求的能力构成损害，公平性、连续性和共性是其基本原则。可持续发展理论的最终目的是实现共同、协调、公平、有效、多方面的发展。资源产权论主要介绍了一种拥有和使用资源的权利，从历史层面来看，人类社会经济的发展主要是通过对地球上的资源与能源的消耗来实现的。生态资本论介绍了生态资本主要包括自然资源总量、生态环境质量、生态潜力以及环境自净能力四个方面，在一定条件下，可以通过对让渡生态成果的群体收取相应费用等途径内部化其收益，激励人们保护生态。

与此同时，在研究我国能源矿产资源开发及利用效率问题时，还涉及了许多研究方法，主要有模糊综合评价法、主成分分析法、面板数据分析以及 DEA 数据包络分析。模糊综合评价法是一种根据模糊数学建立的综合评价方法。这种方法主要是根据模糊数学的隶属度理论，将定性评价转化为定量评价，即利用模糊数学对受各种因素影响的事物或对象进行综合评价。主成分分析是减少维度并将多个指标合成为一些彼此独立的指标，每个主成分都可以反映原始变量的大部分信息，并且不重复其中包含的信息。面板数据分析是指在时间序列上取多个截面，在这些截面上同时选取样本观测值所构成的样本数据来进行分析的方法。DEA 数据包络分析是一种统计分析的新方法，主要是依据一组关于输入—输出的观察值对有效生产前沿面进行估计的方法。

第二部分主要介绍了“能源矿产资源开发与利用”这一主题的国内外研究现状，综述了国内外学者的观点与见解。主要从六个方面进行阐述：能源矿产资源开发与经济发展、能源矿产资源需求与资源短缺、能源矿产资源开发利用中存在的相关问题、能源矿产资源的可行性战略、能源矿产资源的相关立法监管以及资源税对能源矿产资源的影响。

第 3 章
能源矿产及其特点

3.1 矿产资源及其特点

3.1.1 矿产资源

矿产资源是指地质矿化形成，天然存在于地壳内部或埋在地下或暴露于地表，呈固态、液态或气态的，具有开发利用价值的矿物或有用元素的集合体。矿产资源是不可再生资源，其储量有限。世界上已知有160多种矿产，其中80多种被广泛使用。根据其特点和用途，一般分为四类：能源矿物11种，金属矿物59种，非金属矿物92种，水煤气矿物6种，共有168个矿种。矿产资源的主要特征：耗竭性、隐蔽性、分布不均衡性和可变化性。

我国的矿产资源丰富，品种齐全，但人均占有率低，低于世界平均水平，是一个资源相对贫乏的国家。贫矿较多，富矿稀少，难以开发利用，利用率不足，矿石冶炼技术落后，大部分重要矿产依赖国外进口，共生、伴生矿床较多，单一矿床较少。我国矿产资源分布广泛，地域分布不平衡，呈现出西多东少、北多南少的分布特点，大型、超大型矿和露采矿较少。

3.1.2 矿产资源的特点

耗竭性和不可再生性。矿产资源的耗竭性是指一旦矿产资源被开采，它们就开始逐渐减少，直到完全耗尽，资源的物理形态将永远消失。矿产资源是指在数千年甚至数亿年的漫长地质时期内形成的矿产资源富集物，与人类社会相比，它是不可再生的。此外，矿产资源可以被人类寻找、发现，但并不能被人类创造。矿产资源的不可再生性决定了它的耗竭性，即并非取之不尽、用之不竭。由于矿产资源储量有限，如果人类长期不受限制地开发，那么总有一天矿产资源将消耗殆尽，这将限制经济发展，对人类生活产生不利影响。此外，由于矿物资源不能在短时间内再生，因此它们的消耗速度远远快于其再生速度，这不仅对地质环境造成了很大的破坏，也严重阻碍了人类经济的发展。目前，人类使用的主要能源依然是不可再生能源，并且对主要能源的需求正在迅速增加。然而，所有耗尽的能量需要花费数百万年才能形成。在人类的时间尺度上，它们不能及时再补充，而人类社会中的许多活动都会消耗不可再生资源，导致其价格不断上涨。

稀缺性。矿产资源的稀缺性意味着人们在一定时间和空间内可以利用的矿产资源是有限的，而对矿产资源的需求是无限的，可用的矿产资源和人们对资源的渴望产生了供需矛盾。近年来，中国的矿产资源日益稀缺，煤炭、石油、铁、铜、锰、铬等主要矿产资源储量逐渐减少，进一步加剧了资源短缺。如果不采取积极措施，那么矿产资源市场必然会出现供应短缺的情况。

分布不均。由于地壳运动的不平衡，地球上各种岩石的分布也不均匀，导致各种矿产资源的地理分布不均衡。中国的地理条件决定了中国矿产资源的分布不均衡：石油、天然气主要分布在东北、华北和西北地区；煤炭主要分布在华北和西北地区；铁主要分布在东北、华北和西南地区；铜主要分布在西南、西北和华东地区；铅锌矿分布在全国各地；钨、锡、钼、铌和稀土矿物主要分布在华南和华北地区；金银矿分布在全国各地，我国台湾地区也有重要的产区。由于中国矿产资源分布不均，“北煤南运”和“南磷北运”的现象将随之而来。

具有动态性。矿产资源的动态性质是指矿产资源受到地质、技术和经济条件的三维动态影响。在这个阶段发现的能源矿产资源，只能反映人类对当前自然阶段的理解。随着地质工作的不断深入和科学技术的不断进步，人力资源开发利用的广度和深度不断扩大。原来人们认为不属于矿产资源的，也许随着科技的进步，可以作为矿产资源来使用，而现在属于矿产资源的，也极有可能在未来失去其使用价值。可见，对矿产资源的探索是动态的。

隐蔽性。除了少数一些矿产资源外，大多数矿产资源都埋在地下，人们无法看到或触摸。在开发利用矿产资源时，必须通过某些地质勘探工作来实现，而不是直接开采资源。因此，矿产资源是一种隐蔽性资源。

3.2　能源矿产及其特点

3.2.1　能源矿产

能源矿产又称燃料矿产、矿物能源，是矿产资源中的一类。它是赋存于地表或者地下，由地质作用形成的，呈固态、气态和液态的，具有提供现实意义或潜在意义能源价值的天然富集物。

中国发现了 12 种能源矿产资源，固体的能源矿产资源有煤、油页岩、铀、钍、油砂、天然沥青；液态的能源矿产资源有石油；气态的能源矿产资源有天然气、煤层气、页岩气。地热资源是液态和气态的。能源矿产资源属于能源资源，可直接或通过转换获得光能、热能和电能，它们是促进人类社会进步，推动经济发展和改善生活条件不可或缺的生产要素和非常重要的物质基础。在现代社会，能源矿物的开发利用与经济的发展、人们的日常生活紧密相连。中国国民经济生活中 92% 的一次能源都来自化石能源，石油、天然气和煤炭等能源以及一些矿产资源都是工业的重要原料。20 世纪以来，随着科学技术的进步和资源开发利用水平的提高，核能和地热矿产资源已经发展成能源，包括铀、钍和地热。中国对核能的使用始于 20 世纪 80 年代，对地热能源的使用始于 20 世纪 60 年代。煤炭在中国的主要能源消费结构中具有绝对优势。煤炭、石油和天然气在世界、中国一次性能源消耗中的占比分别为 93% 和 95% 。中国的能源和矿产资源齐全，资源丰富，分布广泛，已探明储量的能源矿产包括煤、石油、天然气、油页岩、石煤、铀、钍和地热。

3.2.2 能源矿产资源的特点

能源矿产资源是矿产资源的组成部分，也具有耗竭性、不可再生性、稀缺性、分布不均衡性、动态性以及隐蔽性等特点。除此之外，能源矿产资源还具有可替代性、紧缺性的特点。

能源矿产资源的可替代性是指人类通过在各种矿产资源间不断进行比较选择和重新认识，逐步采用具有相似或更高效用的资源替换或取代现有能源矿产资源的行为。由于能源矿产资源是不可再生资源，如果一直使用则会造成资源枯竭。科技的进步可以帮助人们寻找新的替代资源、发现和探明新的矿产资源，改变矿产资源品种和质量需求，提高现有能源矿产资源的综合利用率和利用水平，减少资源消耗。

能源矿产的紧缺性是指因资源非常缺乏而供应紧张。我国能源结构主要以煤为主，煤、石油、天然气在我国能源消耗中占 94% ，是一个“富煤、贫油、少气”的国家。由于人口众多，资源的人均占有量低、资源分布不均、资源开发速度缓慢以及资源存在严重的浪费现象，我国的煤、石油、天然气等能源矿产在某些地区出现了供应紧张的局面。

3.3　能源矿产开发利用与中国经济发展

3.3.1　我国能源矿产开发利用的历史回顾

采矿是人类从事生产劳动的古老领域之一，矿业的发展和矿产资源的开发，对促进人类文明的发展和进步产生了巨大而不可替代的作用。与世界上许多民族一样，中华民族的祖先从出生那天起就开始从事矿产开发和利用。历史学家将人类历史分为旧石器时代、新石器时代、青铜器时代和铁器时代，所有这些都是当时人们开发和利用的主要矿物种类。在发现矿物、了解矿物和开采矿物的过程中，我们的祖先也在适应自然、理解自然、改造自然，极大地促进了社会生产力的发展和人类文明的进步，也为采矿业的发展奠定了一定的基础。

我国古代矿业生产和技术水平一直处于世界领先地位。几千年来，它在中国的政治、经济、文化以及社会进步和生产力发展方面发挥了重要作用。但由于封建王朝未能密切关注并总结能源矿产开发利用的经验，且没有关注世界各国吸收和采用新的科技成果，我国的现代矿业发展水平处于非常落后的状态。

我国现代矿产资源的开发起步较晚，始于铁矿石和煤矿的开发。19 世纪下半叶，为了国防建设和经济发展，清政府制造了枪支，一方面从国外进口大量的钢铁、水泥等建筑材料，另一方面自主发展采矿业。但在当时中国仍属于半殖民地半封建社会，而帝国主义国家在中国开辟了很多大型的煤矿。直到抗日战争胜利后，一些煤矿才被人民政权接管，大部分被国民党政权接管。这些煤矿在解放战争时期遭到严重破坏，直到新中国成立才恢复。

在近代，全国能够开发利用的矿山有 40 多个，在开发利用矿山的过程中，新的机械和设备投入使用。在有色金属方面，西华山钨矿和大吉山钨矿分别于 1908 年和 1918 年在我国西南部被发现。由于军事和国际市场对钨的迫切需求，这两个钨矿很快投入使用，使得钨精矿的产量显著增加。在古代云南，老锡矿从铅的开采开始，随后开采锡矿，并在近代大规模开采。就贵金属而言，除了从铅锌矿中提取银外，一些地区还有金矿。石油、天然气的开发缓慢，新中国成立前，仅有 15 台石油钻机投入使用，整个油气勘探开发工作基础薄弱、规模较小。

3.3.2 我国能源矿产开发利用现状

3.3.2.1 能源矿产总体开发利用现状

能源矿产是人类生存和发展的物质基础。据有关统计，全球 70% 的工业制成品原料来自矿产资源，90% 的能源来自矿产资源。中国 80% 的工业成品原料和 95% 的能源来自矿产资源，近 2000 万人从事采矿生产，每年开采的矿石超过 70 多亿吨。

中国的能源和矿产资源储量大多处于增长水平，页岩气大幅增长，石油和天然气增长缓慢，煤层气处于下降趋势。在过去的几年中，中国的页岩气勘探取得了重要进展。截至 2017 年 4 月，累计探明的地质储量已超过 1 万亿立方米。2017 年，新增 2 个页岩气田，地质储量超过 1000 亿立方米。截至 2017 年底，中国已发现 173 种矿物。根据矿产的主要类别，目前有 13 种能源矿产，包括固体煤、石煤、油页岩、可燃冰、铀、钍、油砂、天然沥青、液态石油、地热资源，气态的有天然气、煤层气等，59 种金属矿物，95 种非金属矿物，6 种水气矿产。

3.3.2.2 煤炭资源开发利用现状

煤炭是我国的基础能源，主导着能源的生产和消费。从表 3－1 可以看出，中国的煤炭资源在各地区分布不均。近年来我国经济快速发展，煤炭生产和消费也随之快速增长。中国是一个煤炭资源丰富、石油资源较为贫乏、天然气储量较低的国家，这一特征决定了煤炭将主导生产和消费，并且从长远来看不会改变。目前，中国的煤炭储量约占世界煤炭储量的 11.67%，位居世界第三。中国是世界上最大的煤炭生产国，煤炭产量占世界总产量的 35% 以上。中国也是世界上煤炭消费量最大的国家，煤炭一直是中国的主要能源和重要原料，占一次能源生产和消费的比重在 50% 以上。截至 2015 年全国煤炭产量 37.5 亿吨，年复合增长率 1.8%，煤炭消费量 39.6 亿吨，年均增速 2.6%。受煤炭进出口税率变化、国内煤炭需求强劲和人民币升值的影响，预计未来中国煤炭出口将进一步减少，进口将进一步增加。近年来，中国沿海省份对煤炭的需求量增大。但是，中国约 90% 的煤炭资源和生产能力分布在西部和北部地区。煤炭消费结构日趋多元化，集中在重点行业。目前，中国的煤炭消费结构具有多样化的特点。长期以来，电力、冶金、建材和供热四大产业是煤炭消费的主要产业。四大产业的煤炭消费约占总消费量的 80%，其中，电力行业的煤炭消费（动力煤）占总消费量的 50% 左右。截至 2017 年 9 月底，电力、冶金、建材、供热四大领域煤炭消费量分别达到 14.07 亿、5.04 亿、2.30 亿和 1.59 亿吨，占煤炭全部消费比重分别为 49%、18%、8% 和 6%。从火电和钢铁行业产能增量释放的角度来看，需求仍然强劲，煤变油、煤化工的发展将对煤炭需求结构产生战略性影响。随着国民经济的发展，国内煤炭市场在很长一段时期内仍有很大的需求空间。“十一五”期间是煤炭工业结构调整和产业转型的最佳时期，“十一五”规划进一步确立了“煤炭多元化发展”的基本战略，为中国煤炭工业的蓬勃发展奠定了基础。“十一五”期间，新建煤矿规模约 3 亿吨，其中 2 亿吨投产，1 亿吨将转入“十二五”计划。从长远来看，中国的煤炭工业将继续保持强劲的发展态势，发展前景广阔。

表 3－1　2017 年 12 月全国原煤产量分省市统计　（%）

地区	12 月产量	12 月止累计	12 月同比增长	12 月止累计同比增长
全国	31487.20	344545.60	1.1	3.2
北京	13.8	255	－51.5	－19.7
天津	—	—	—	—
河北	482.1	6010.80	－10.1	－6.4
山西	7285.60	85398.90	－9.1	3.3

续表

地区	12月产量	12月止累计	12月同比增长	12月止累计同比增长
内蒙古	8685.20	87857.10	10.3	7.6
辽宁	223.4	3611.00	-31.9	-14.9
吉林	142.1	1635.30	4.2	0.5
黑龙江	449.5	5440.40	-11.9	-3.9
上海	—	—	—	—
江苏	90.4	1278.50	-15.5	-6.5
浙江	—	—	—	—
安徽	955.3	11724.40	-5.2	-4.4
福建	82.4	1107.00	-15.1	-16.2
江西	58.4	782.1	-19.4	-38.4
山东	1088.70	12945.60	2.8	2.3
河南	979.1	11688.00	-10.8	-1.8
湖北	16.3	311.6	-52.9	-36.5
湖南	198.9	1860.50	-12.4	-26
广东	—	—	—	—
广西	33.7	415.4	-2.3	0.3
海南	—	—	—	—
重庆	102.8	1172.10	-4.3	-48.1
四川	328.3	4659.90	-28.6	-16.5
贵州	1378.70	16551.40	-4.3	3.9
云南	498.8	4392.90	30.2	4.5
西藏	—	—	—	—
陕西	5449.50	56959.90	5.4	10.6
甘肃	366.4	3712.30	2.4	-9.7
青海	57.8	715.5	-38.8	-8.6
宁夏	620.2	7353.40	11.2	7.9
新疆	1899.80	16706.50	33.9	5.6

3.3.2.3 石油资源开发利用现状

从图3-1和图3-2可以看出，中国的原油产量在世界上的占比并不大，而消费量占比却较大，资源的质量不高，加剧了勘探和开发难

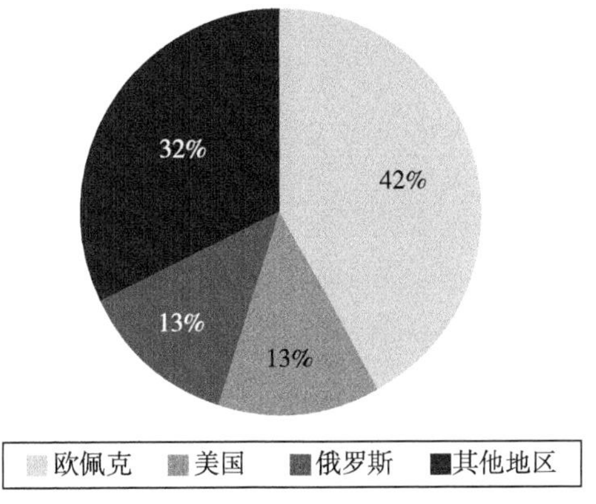

图 3－1　2017 年全球原油产量分布

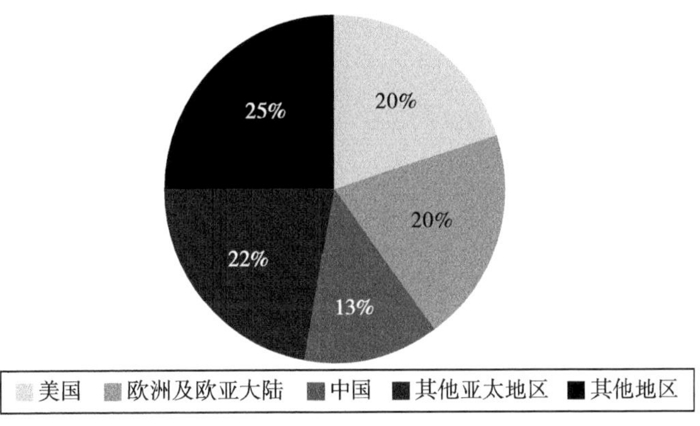

图 3－2　2017 年全球原油消费量分布

度。现今，石油的勘探技术并不成熟，还有很大的潜力。中国石油资源的最终可采储量为 130 亿～150 亿吨，仅占世界总量的 3% 左右。中国石油可采资源丰度值约占世界平均水平的 57%，其余可采储量丰度仅为世界平均水平的 37%。此外，中国的石油资源状况不佳，土地资源的 35.8% 分布在恶劣环境中，56% 埋藏在 2000～3500 米，西部石油资源的深度超过 3500 米。非常规石油占比较大，占陆上资源的 16.4% 和海洋资源的 33.3%。在其余已探明的可采储量中，低渗透率或特低渗油、重油、稠油和埋藏深度超过 3500 米的占 50% 以上，而待探明的可采资源量中大部分都是难以开采的。资源存储的特点决定了我国石油资源增储的难度，勘探成本将进一步提高。目前，中国陆地上的大部分主要油田已进入中后期发展阶段，东部地区的产量逐年下降。过去 10 年，累计产量减少了 1000 多万吨，未来产量的减少幅度将会更大，“稳定东部”将变得越来越困难。“西部大开发”战略实施已有十多年，但西部的储备资源仍明显不足，尚未形成对生产区的战略替代。虽然海上原油产量及其份额逐渐增加，但仍然很低。近年来，中国的新原油产能难以弥补旧油田产量的下降。旧油田的挖掘潜力已成为原油生产的重要组成部分，原油生产难以稳定。2017 年，我国石油和天然气资源勘探和开采投资触底反弹，实物工作量大幅增加，我国新增 2 个亿吨级油田和 2 个千亿方页岩气田。中国有 3 个拥有超过 1 亿吨新石油储量的盆地：鄂尔多斯盆地、准噶尔盆地和渤海湾盆地海域。新增大于 1 亿吨的油田有 2 个，分别为鄂尔多斯的华庆油田和姬塬油田。截至 2017 年底，中国已确定有 734 个油田，累计产油量达到 67. 67 亿吨。2017 年，我国石油产量为 1. 92 亿吨，约占当年全球石油产量的 4. 4% 。石油和天然气勘探呈现“石油下降和天然气上涨”的趋势，石油产量略有下降，天然气产量迅速增加，此外，我国首次海域天然气水合物测试成功。据报道，2017 年全国石油产量为 1. 92 亿吨，同比下降 4. 1% ；全国天然气产量为 1330. 7 亿立方米，连续 7 年超过 1000 亿立方米，同比增长 8% 。尽管 2017 年中国石油和常规天然气的发现量有所下降，但新增的页岩气探明储量已增至 3767. 6 亿立方米（原油约 3 亿吨），剩余可采储量增加 62% 。其中，涪陵气田的江东和平桥区块探明储量为 2202 亿立方米，四川盆地威远地区新增探明的页岩气地质储量为 1565 亿立方米。2017 年，全国石油、天然气资源勘查开采投资触底回升，油气勘查与开采投资分别为 597. 46 亿元和 1629. 02 亿元，同比增长 13. 3% 和 22. 2% 。

3.3.2.4　天然气资源开发利用现状

表3－2　2017年2—12月全国天然气产量统计

时间	天然气产量当期值（亿立方米）	天然气产量累计值（亿立方米）	天然气产量同比增长（%）	天然气产量累计增长（%）
2017年12月	136.1	1474.2	2.9	8.5
2017年11月	126.3	1338.1	3	9.1
2017年10月	124.1	1211.2	15.4	9.7
2017年9月	111.5	1087.2	10.7	9.1
2017年8月	119.5	977.7	11.7	9.2
2017年7月	117.4	858.1	14.7	8.8
2017年6月	115.5	740.8	14.6	8
2017年5月	119.9	629.3	10.5	6.8
2017年4月	122	509.4	15	6
2017年3月	135.8	387.4	10.5	3.4
2017年2月	—	251.5	—	0

我国的天然气资源潜力巨大。从表3－2可以看出，我国的天然气产量普遍呈上升趋势。截至2017年，我国累计探明的常规天然气储量约为14万亿立方米，探明度为19%，处于勘探初期；累计探明技术可采储量为6.9万亿立方米，剩余技术可采储量为5.2万立方米，累计采出常规天然气1.7万亿立方米。全国累计探明的煤层气地质储量为6500亿立方米，剩余探明技术可采储量为3100亿立方米。我国页岩气已积累了近万亿立方米的探明地质储量，此外，还存在尚未计算出的新地层。中国的天然气产量逐年增加，国内生产的天然气已经实现了常规气、非常规（页岩气、煤层气）、煤制气等多元供应格局。2017年，天然气产量为1430亿立方米，年均增长率为12%。经过20多年的发展，煤层气已经初具规模。2017年，全国煤层气抽采量为150亿立方米，产量（地下抽采）为60亿立方米，同比增长17%。自2011年以来，页岩气勘探开发取得了快速发展。2017年，页岩气产量达到80多亿立方米。进口天然气已实现多渠道供应模式，如管道燃气和液化天然气。共有10多个

资源进口国，对外依存度为39%。2017年，进口天然气量为650亿立方米。作为清洁能源，天然气不仅可以有效减少煤和石油等化石能源的使用数量，还可以减少二氧化碳、二氧化硫、粉尘和氮氧化物的排放，有助于降低酸雨的形成，减少环境污染，减轻温室效应，从根本上改善环境质量。如今，天然气已成为国际清洁能源的重要发展方向。

表3-3　2014—2016年我国各能源矿产资源生产总量

单位：万吨标准煤

指标	2014年	2015年	2016年
能源生产总量	361866.00	361476.00	346037.31
原煤生产总量	266333.38	260985.67	240816.00
原油生产总量	30396.74	30725.46	28372.00
天然气生产总量	17007.70	17350.85	18338.00
水电、核电、风电生产总量	48128.18	52414.02	58474.00

从表3-3可以看出，我国原煤和原油的总产量普遍下降，而作为清洁能源的天然气、水电、核电和风电的总产量总体呈上升趋势，这与我国走可持续发展道路的发展策略相吻合，有利于在发展经济的同时改善环境质量。

在过去的60年里，中国已经发现了171种矿产，其中包括159种探明储量和2万多个矿产地。中国已探明矿产资源总量位居世界前列，矿产资源开采总量位居世界第二，成为世界主要矿产资源国。随着改革开放的步伐加快，中国的矿产资源开发已经实现了“从无序到有序”，矿产资源的开采也实现了“从无偿到有偿”。在此过程中，矿产资源的持续供应能力逐步提高，矿产资源的利用和保护进一步改善。

在过去的70年里，中国的能源产业实现了从数量增加到结构优化的跨越，正朝着科学发展的方向努力转变，能源结构不断优化。在加大传统能源建设力度的同时，中国重点发展清洁能源，建设葛洲坝、三峡等大型水电项目，秦山、大亚湾等核电项目，西气东输、煤气化、风电等项目。

3. 3. 3　能源开发与中国经济的发展

经济发展与能源消耗是紧密相关的，这是因为所有机器设备在进行生产时都需要消耗能源，并且人类的日常生活也需要消耗各种能源。由此可见，能源是经济发展的基础，而经济增长是能源发展的前提。经济增长和总能源需求正朝着同一方向发展，并将在大多数时期保持一定的比例关系。高质量的能源是提高能源效率和经济效益的重要前提，能源质量符合环保要求是能源战略的重要组成部分。

能源在经济增长中发挥着重要作用。首先，能源可以限制经济的增长。能源对经济增长的制约作用主要包括两个方面：一是资源短缺，该约束是数量控制约束；二是由资源禀赋优势引起的对经济增长的制约。其次，所谓的“资源诅咒”是一种质量控制类型约束，能源消耗、能源投资、能源利用效率以及能源技术的进步都将促进经济增长。能源消费结构和产业结构的调整相互影响、相互制约，两者的协调发展对经济发展起着重要作用。

能源在经济的发展中作用巨大，但能源矿产并不是取之不尽的，由于传统能源的使用对环境的污染较为严重，新能源的开发则得到了迅速发展，从而推动经济向前发展。首先，低能耗降低了经济成本；其次，高环境保护减少了环境损失，增加了经济绿色含量；最后，新兴产业成为经济新的增长点。

3. 4　本章小结

本章主要介绍了能源矿产及其特点，分为三个部分，首先介绍了矿产资源及其特点，其次介绍了能源矿产及其特点，最后介绍了能源矿产开发利用与中国经济的关系。在矿产资源及其特点这一节里，先说明了矿产资源的定义，之后列出了矿产资源的特点，即耗竭性与不可再生性、稀缺性、分布不均衡性、动态性以及隐蔽性。矿产资源的耗竭性是指一旦矿产资源被开采，它们就开始逐渐减少，直到完全耗尽，资源的物理形态将永远消失。矿产资源的不可再生性是指在数千年甚至数亿年的漫长地质时期内形成的矿产资源的富集物是不可再生资源。矿产资源的稀缺性是指在一定的时空范围内能够被人们利用的矿产资源是有限的，而人们对矿产资源的需求是无限的，可利用的矿产资源与人们对资源的需求欲望构成了供与求的矛盾。矿产资源分布不均是由地壳运动的不平衡造成的。地球上各种岩石的分布不均匀，导致各种矿产资源的地理分布不均衡，局部高浓缩地区存在许多矿物。矿产资源的动态性是指矿产资源受地质、技术和经济条件制约而处于三维动态。矿产资源的隐蔽性是指矿产资源除了少部分裸露在表面，绝大部分都埋藏在地下，人们看不见、摸不着。

在能源矿产及其特点这一节中先说明了能源矿产的定义，之后列出了能源矿产的特点，即可替代性和紧缺性。能源矿产的可替代性是指人类通过在各种矿产资源间不断进行比较选择和重新认识，逐步采用具有相似或更高效用的资源替换或取代现有能源矿产的行为。能源矿产的紧缺性是指因资源非常缺乏而导致供应紧张。

在能源矿产开发利用与中国经济发展这一节中，结合中国经济的发展，首先回顾了中国能源矿产开发利用的历史，然后叙述了中国能源矿产开发利用的现状，阐述了能源对我国经济发展具有不可替代的作用。

第 4 章
能源矿产资源的资源耗竭和综合承载力分析

4.1　我国能源矿产资源的稀缺性与耗竭性

能源矿产资源是天然富集物，它们是拥有现实意义或者能提供潜在价值的能源。一般来说，能源矿产资源在经历地质作用后，以气态、液态或者固态的形式存于地层表面或地下。在中国，能源矿产资源现已被人们开发的有 12 种，固态形式的是煤、石煤、铀、天然沥青、钍、油页岩、油砂；液态形式的是石油；气态形式的是天然气、页岩气、煤层气。并且，地热资源中既有液态也有气态的。我国居民的生活离不开对一次能源的使用，其中矿物能源在一次能源中的占比高达 92%，而在我国一次能源的消费结构中，煤的占比处于优势地位。同时，煤、石油及天然气等能源矿产资源也是工业生产不可或缺的原料。在能源矿产资源中，人们最为熟悉的也是被较早发现的且使用时间最长的是煤炭、石油、天然气以及油页岩；最近几年开发的有油砂、天然沥青和煤层气等一次能源。20 世纪后，由于科学技术的进步以及资源开发利用程度的提升，人们又发现了新的矿产资源：核能与地热矿产资源，这些矿产资源具体有铀、钍及地热。中国自 20 世纪 60 年代起人们就已经开始利用地热资源，到 20 世纪 80 年代，已开始利用核能。近年来，在一次能源的消费结构中，核能、石油和天然气的消费比例逐步增加，消费比例减少的是煤。

4.1.1 我国能源矿产资源的储量及人均占有量

能源矿产资源是中国矿产资源结构中的重要一部分，也是社会经济发展所需要的重要物质，在我国经济发展中的地位日益凸显。

俄罗斯的矿产资源很丰富，无须靠国外进口就能满足使用需求。全世界唯有俄罗斯一国能做到能源矿产资源自给自足，其石油和天然气的储量都位居世界前列。中国虽然也是能源矿产资源的大国，而且能源矿产资源的总量丰富，但是和世界平均水平相比，我国在人均占有量方面不占优势，反而是能源矿产资源贫乏国。煤、石油与天然气三种能源矿产资源在世界和中国的一次性能源消费构成中占比分别约为 93% 和 95%。

表 4－1 主要能源矿产资源的总保有量及排名 单位：亿吨

能源矿产资源	总保有储量	世界排名
煤炭资源	10025	第 3 位
石油资源	203.81	第 11 位
铀矿资源	—	第 10 位之后
地热资源	相当于 13711 标准煤的能量	—
油页岩资源	315	—
石煤资源	42.56	—

从资源禀赋来看，2016 年在全球范围内，煤的探明储量大约为 11.4 万亿吨，其目前的产量能够满足全世界 153 年内对煤炭的需求，储采比是天然气与石油之和的 3 倍。从地区来看，已探明储量最多的亚太地区，其占比约为全世界的 48.5%。截至 2016 年底，全世界天然气探明储量为 1.87×106 亿立方米，原油的储量也是这么多，这两种资源的储备能够满足约 52.5 年内的生产需要。天然气和原油储量增加的主要国家是缅甸和中国，分别增长了 7000 亿立方米和 6000 亿立方米。

2017 年，我国能源矿产资源的储量多数呈现增长趋势，其中页岩气的增长幅度较大，天然气和石油的增长幅度则比较缓慢，煤层气的增长幅度却是在下降。煤已查明的资源储量增长了 4.3%，石油、天然气和页岩气剩余技术可开采储量分别增长 1.2%、1.6%、62%，然而煤层气却下降了 9.5%。

2012 年的数据表明，我国三种主要的能源矿产资源是煤炭、石油及天然气，人均占有储量约为 84.2 吨/人、1.8 吨/人和 2289.5 立方米/人，占世界平均水平的比例分别是 67%、4.6% 和 9.3%。

中国能源矿产资源种类相对较齐全、资源比较丰富，分布的地理范围也比较广泛。能源矿产资源主要分布在北方，大多数煤资源集中在华北和西北地区，石油、天然气等能源矿产主要位于西北地区，其次是在东北与华北地区以及东南沿海和浅海的大陆架。目前，我国已经形成了 6 个大型油气区：准格尔—吐鲁番、松辽、塔里木、渤海湾、四川和陕甘宁。

4.1.2　我国能源矿产资源稀缺性与耗竭性问题

我国能源矿产资源的稀缺性主要有两种表现形式：相对稀缺性和绝对稀缺性。相对稀缺性是指我国能源矿产资源的质量不是一成不变的，并且只存在能源矿产资源质量变差的相对稀缺，不存在绝对稀缺。在能源矿产资源被消耗的条件下，质量逐渐下降，所表现出的稀缺性日益上升，进而会增加单位生产的边际成本。在相对成本不断增加的情况下，人们不仅不会坐以待毙，反而会选择借助技术的进步进行创新，发明替代品，该替代品在经济质量上具有比能源矿产资源更优的特点。经济的不断增长会使我国的能源矿产资源存量表现出暂时且上升的相对稀缺性。另外，绝对稀缺性是指在达到我国能源矿产资源存量的可获取极限前，环境的质量是不会变化的，且不会出现边际成本增加及收益递减的现象。我国能源矿产资源的稀缺性会对经济的发展产生约束作用，但只有在达到能源矿产资源极限的时候，其稀缺性影响才会在上升的成本中以价格的形式表现出来。

能源矿产资源作为不可再生资源，由于其地质生成所需要的时间周期长，而其承载容量又是一个物理性质的量度，因此要想无限扩大是不可能的。能源矿产资源本身的不可再生性和储量有限性决定了其稀缺性和耗竭性的特征。能源矿产资源的稀缺性可以说是在一定的时空范围内能够被人们利用的矿产资源是有限的，而人们对矿产资源的需求是无限的，两者之间便构成了供与求的矛盾。

稀缺性在经济学中的解释是：经济物品是可数的，而人类的欲望是无法丈量的，要用可数的经济物品去满足人们不断产生且随时膨胀的欲望是很难做到的。经济资源也称为稀缺性资源或者生产要素，是指在商品的生产或者劳务提供的过程中需要投入的物品。能源矿产资源自身具有不可再生性和储量有限的特点，用一吨少一吨，用一立方米少一立方米。尤其是经济的增长需要建立在各种要素投入的前提下，在改革开放以前是“资源无价”，后来逐渐完善，形成了现在有偿开采的大局，此时能源矿产资源的稀缺性就表现得越来越明显了。能源矿产资源的耗竭性是指能源矿产资源只要被开采利用了，那么就开始一点点变少，直到被完全耗尽，资源的实物形态在被耗尽时就永远消失了。

我国是人口大国，国土面积辽阔，但在均值的计算上，却体现出能源矿产资源的稀缺性。由于我国人口总量接近 14 亿，人均能源矿产资源占有量比较低是可以理解的。如果按照单位面积的平均值计算，即资源丰富比也许更能体现其稀缺性的特点。以 2005 年的数据为准，以油气资源为例，以其产量、剩余可采储量和资源量为参数。就其性质而言，产量是现实可用的资源，剩余可采储量是已经证实的近中期可被利用的资源，资源量是理论上可能有的、中长期有利用可能的资源。这三个值全面反映了资源的特点和数量。以石油和天然气为例进行说明，其人均占有值和面积丰度值见表 4 - 2。

表 4－2　石油和天然气的人均值和面积丰度值

类别		石油			天然气		
		中国	世界	中国/世界	中国	世界	中国/世界
产量	人均值（吨/人）	0.139	0.559	24.9%	37.5	433.7	8.6%
	单位面积均值（吨/平方千米）	18.34	26.8	68.4%	2789	20780.9	13.4%
剩余可采储量	人均值（吨/人）	1.86	27.59	6.7%	4955.7	26973.4	18.4%
	单位面积均值（吨/平方千米）	246.5	1321.9	18.6%	282845	1297491	22%
资源量	人均值（吨/人）	9.22	76.09	12.1%	9086.6	70119.1	12.9%
	单位面积均值（吨/平方千米）	1209.4	3399.5	35.6%	119.2	348.6	38.6%

由表 4－2 可知：①在石油的各项对比中，中国人均值都小于世界均值的 1/4，尤其是石油的剩余可采储量人均值低于世界均值的1/10。②石油的资源丰度中平均单位产量约为世界均值的 68.4%，其（剩余可采）储量小于世界均值的 1/5，资源量约为世界均值的 1/3。③天然气的各项对比值都比石油占世界均值的比例低，丰度值约为世界的 1/5。

总体来讲，我国能源矿产资源的质量不够理想。在我国按地质储量大小所做的规模分级中，能源矿产资源中主要的大型油气田的下限明显偏低于世界流行的标准。它反映了我国油气总体规模偏小，大型、巨型油气田储量在总储量中的比例偏低的特点。我国石油多为陆相地层生成，优点是含硫量低，但沥青胶质含量高、黏度偏大、凝固点偏低。广为人知的是，勘探中总是先发现规模大、产量高的油气田，而后的开发更是“先肥后瘦”。显然，今后新增储量中，剩余可采储量中质量差的油气所占比例会不断升高，大大增加了勘探开发难度并成为其成本不断增加的直接原因。

从我国经济发展现状来看，投入大、消耗大，但产出少、效率低的经济增长模式不再适应人们对社会经济健康有效发展的需要。如果建立了能源矿产资源对生态的补偿机制，做到将环境成本转化为经济增长的一个变量，不仅能提高对资源的利用效率，还能减少在能源矿产资源开发利用过程中对生态环境造成的污染与破坏。如此才能转变经济增长方式，缓解经济发展和环境保护两者之间的矛盾。

中国资源和环境被破坏的程度越来越严重，正处在严峻的形势下，这些问题的根本来源是发展。虽然经济发展了，但是却以牺牲资源和环境为代价，仅追求经济的发展，最后发展的后果却需要我们和我们的后代来承担环境责任。当然，我们也不能要求为保护我们赖以生存的自然环境而放弃今后更加蓬勃的发展机会。

物质分布的不均衡决定了能源矿产资源贫富不均的客观规律。一般来说，与煤资源相比，石油特别是天然气资源较贫乏。此外，中国地壳有破碎性和多期活动性，特别是在晚新生代的活动性和相对隆起，对大型的油藏，尤其是对气藏的成藏和保存不利，对大型气田就更为不利。由于我国油气资源成藏和富集的规律相当复杂，这决定了它的勘探难度较大。同时，富与贫同样表现在需求上。我国不但人口众多，而且处在经济转型期。1990—2005 年，我国的石油产量平均年增长率仅为 1.77%，远低于 GDP 的增长速度。虽然天然气的产量在增加，但是其产量的增速仍不能满足需求。

我国能源矿产资源不仅相对贫乏，而且勘探开发难度日趋增大。今后的勘探区资源丰度值将逐渐降低。即使像塔里木这样全国最大的盆地，其能源矿产资源储量巨大，但是由于丰度值较低，要想发现油气田，特别是大型油气田（石油储量值大于 1 亿吨油当量）的难度也大为增加。然而，对于一些勘探程度低的小盆地或久攻不克的地区，不但资源探明程度难以提高，即便有所发现，规模和经济效益也不尽如人意。再者，低渗和重油等低品质能源矿产资源一般要在大面积的“贫矿”和难采区中寻求富集区或“甜点”，以便以较好的经济效益启动开发。因此，对其经济可采储量的探明将是一个耗时较长的滚动开发过程。此外，目的层埋藏深度的增加将使得勘探深度难度大幅增加，这种增加不仅因为钻探成本将以深度倍数的指数形式增大（不是简单的线性关系），而且也增加了物探和井下作业的难度，降低了勘探的成功率。

综上所述的这些因素加剧了我国能源矿产资源的稀缺性。

4.1.3　我国能源矿产资源的开采与供应

按照物质不灭和能量守恒定律的解释，自然资源以及环境要素是会被耗尽的。在技术经济有限的情况下，与人们不断扩大的需求相比，供给的能源矿产资源是有限的。如果一种自然资源具有经济价值，那么它就是稀缺的。能源矿产资源不仅具有经济价值，同时还是一种不可再生资源，是稀缺且可耗竭的资源。帕累托认为如果能达到完全竞争，将经济资源的价格与产出结合在一起，可以使生产者的利润和社会福利两者同时达到最优。

一直以来，中国都是能源开采大国。然而，能源矿产资源只要被开采出来，便是不可恢复的，还要经过成百上千年才可能再形成。为了满足现代经济的发展以及工业建设对能源矿产资源的需求，我国能源矿产资源的产量始终居高不下。然而煤等矿产资源都是不可再生的自然资源，它们的储量会因为开采与消费力度的增加而减少，并且可供人们开采的年限也会缩短。如此一来，对资源的可持续利用就会产生不利影响，同时也会加剧我国能源矿产资源的稀缺程度。

2014 年，标准煤的产量达到了峰值，为 3.6×105 万吨。2015 年之后，由于全世界化石燃料降价，中国原煤的产量与 2014 年相比，降低了 1.4%。2016 年，我国开始对供给侧进行结构性改革，提高一次能源供给质量的同时产量也在减少，产量与同期相比下降了 4.2%。2016 年，我国及世界能源矿产资源中主要的煤炭、石油和天然气三者储量与储采比的详细数据见表 4－3。

表 4-3　2016 年能源矿产资源储量与储采比

	煤炭		石油		天然气	
	储量（亿吨）	储采比	储量（亿吨）	储采比	储量（亿立方米）	储采比
中国	2440.1	71.5	34.99	17.5	54000	38.8
世界	11393.31	152.7	2327.9	53.1	1866	52.5

资料来源：储量数据来源于 BP Statistical Review of World Energy 2017，储采比数据是该报告中某矿种储量与同年产量的比值。

我国能源矿产资源的储量在全球的总资源储量中所占的比值较小，并且储采比远不及世界的平均水平。《中国矿产资源报告》显示，2016年，我国已经查明的煤资源量增长了2%，利用剩余技术可采储的石油量增长了0.1%，天然气储量增长了4.7%，然而总储量的整体情况并不乐观。BP 2017 年世界能源统计年鉴的数据显示，截至2016 年末，我国煤资源量共计2440.1 亿吨，在世界上的排名是第二位，与全球煤总储量相比，所占比例大约21.4%；中国煤的储采比，即剩余可采储量除以当年产量是71，远远达不到未来152 年内全球对其所需的平均值。我国石油总储量大概是35 亿吨，然而全球石油的总储量大约是2335 亿吨；并且我国石油的储采比只有17.5，比全球平均储采比的平均值还低。我国天然气的储量约为 5.4×104 亿立方米，与全球天然气总储量相比，所占比例大约为2.9%，且天然气的储采比是38.8，小于全球储采比平均值。

4.1.4　我国能源矿产资源的消费与需求

王小马等专家表示，能源矿产资源主要有两个特点：可耗竭性和对地域的刚性依赖，同时他们认为应该被学者研究的是经济存量而不是物质存量。可能由于不经济的原因，人们在能源矿产资源的实体物质存量没有被完全消耗之前就停止了对其开采利用，如此一来就更加突出了寻求替代品的紧迫性。此外，配置问题既有数量配置也有结构配置，要想改善配置问题，可以试着在一次能源消费结构中降低煤的比重，在清洁能源层面，提高其利用率。同时，配置问题还包括时间和空间配置。从我国总体情况来看，随着多年的开采和资源的逐渐耗竭，我国的可耗竭性资源企业主要设立在东部地区，可以试着将其转移到中部或西部资源富集的地区，如此有助于缓解资源配置不均匀的问题，帮助降低能源矿产资源开发利用成本。

一般来说，能源消费的影响因素有两个方面，一方面是体制性因素，它会使能源消费和经济增长在短期内变得不够稳定；另一方面是生产技术水平，它的可变性不是太大。由于我国工业化和城镇化在不断进步，带动了我国煤、石油及天然气的消费，使其保持在较高水平。2015 年，我国的煤能源消费量达到了 19.25 亿吨油当量，与 2014 年的同期相比增长了 4%，这一年中国的煤消费量占当年全球煤总消费量的约 50%，且成为全球煤资源消费最大的国家；中国的石油资源消费量接近 5.6 亿吨，与 2014 年相比增长了 6.30%，在全球对石油消费国的排名中位居第二；中国的天然气消费量约为 197.3 亿立方米，与 2014 年相比增长了 4.70%，在全球对天然气消费国的排名中位居第三。中国生产及消费的能源矿产资源量在全球的排名较前，然而，中国能源矿产资源的人均储量排名却不那么乐观。由于经济在持续向前发展，人们对能源矿产资源的需求量也在逐渐增加，进一步使得能源矿产资源的消费缺口不断扩大。为了填补能源矿产资源存在的消费缺口，大量资源从国外进口到我国。2010 年，中国消耗的原油中有 53.8% 来自进口，该比例在 2015 年却增加到了 60.6%，再次表明我国能源矿产资源对外依赖程度大的安全问题应该引起重视。

2016 年，全球传统战略性能源矿产资源在产量上表现出不同程度的变化。以煤为例，2016 年的产量是 74.6 亿吨，与上一年相比减少了约 6.5%。全球最大的煤产区在亚太地区，其生产的煤量占全球煤生产总量的比值达到 69.7%，远高于其他地区。位于亚太地区的中国是全球最大的产煤国，其生产量在 2016 年是 34.1 亿吨，与全球煤生产总量的比值是 45.7%；排名第二位的是印度，然而其产量只有 6.9 亿吨，与全球煤生产总量的比值只有9.3%，第一名和第二名之间的差距还是比较大的。2016年，在全世界一次能源消费结构中，煤的比重降到了28.1%，是自2004年以来的最低水平。在全世界范围内，煤的产量下降了6.2%，相当于下降了2.3亿吨油当量，这是有记录以来跌幅最大的一次。中国煤炭的产量也出现了历史性的下滑，下降比例为7.9%，相当于减少了1.40亿吨油当量。在美国，其煤炭产量下降了19%，相当于减少了0.85亿吨油当量。

2016年，一次能源的消费量在全球范围内大约是1.3×10^4万吨，而中国的一次能源消费量就占全球总量的约1/4。在全球范围内，一次能源消费量排名第一位的国家是中国；一次能源消费量排名第一位的资源是石油，其次是煤和天然气。全球石油消费量与一次能源消费总量的比值约为33.3%，全球煤和天然气占一次能源消费总量的比重分别为28.1%和24.1%。然而，我国存在特殊性，我国的能源消费结构和全球相比有些不同，在我国能源消费结构中最为重要的不是石油而是煤。即使在2016年中国的一次能源消费结构中，煤的比例与以往相比稍有下降，但仍比全球的平均水平高。在全球石油消费国的排名中，中国位居第二，在2016年中国的一次能源消费结构中石油的比例约为19%。与往年相比，2016年中国对天然气的使用量有所增加，但是所占比例较低，只有6.2%。

由于能源矿产资源本身具有稀缺性与耗竭性的特点，以及我国特殊的能源消耗结构，不可再生的煤、石油和天然气处于重要地位。为满足人们对能源矿产资源的消费与供给，推动经济健康可持续发展，中国致力于提高风能和水能等清洁能源的开发利用效率，对能源消费结构进行持续优化。然而近些年，在中国的能源消费结构中，煤、石油和天然气三者的比例之和居高不下，大约为90%。对不可再生的非清洁能源的大量开发和消费，不仅加剧了能源矿产资源的稀缺性与耗竭性，而且不利于对经济发展模式进行优化。

4.2　我国能源矿产资源的综合承载力

4.2.1　综合承载力的内涵及特点

经济发展建立在对能源矿产资源需求的基础上，需求主要表现在两方面：一是经济发展对能源矿产资源生产增长的需求；二是对其消费的需求。由于能源矿产资源是不可再生资源，因此我国在利用能源矿产资源的过程中，不但要考虑国内经济需求，而且还要考虑能源矿产资源在开发过程中的综合承载力。

其实，对承载力的解释最早来源于力学，是指支撑物的性能在被破坏之前能够承受的最大载荷；在生物学上，承载力是指在一定地理区域内，各种资源能最大限度地供给，使某一生物种群在长时间内保持最大数量。1986 年，我国开始了首个有关承载力的研究，即中国科学院自然资源综合考察委员会主持的“中国土地资源生产能力及人口承载量研究”。20 世纪 90 年代后，我国对承载力的研究逐渐深入，研究对象扩大到土地、水和能源等矿产资源，并且着手对环境承载力进行研究，其间有关承载力的理论研究也得到不断完善。承载力所要解决的首要问题是资源、环境、人口与发展问题。

有关资源承载力的经济学研究最早是古典经济学中对土地承载力的研究。目前，与资源承载力相关的理论主要有资源稀缺论、绿色发展论、效率利用论、能力建设论和增长极限论等。能源矿产资源承载力的研究是从水资源、土地资源等自然资源承载力的研究扩展而来的。从资源制约的角度考虑，有学者认为能源矿产资源承载力是描述能源矿产资源支持人类生存或人类社会经济活动能力的极限值。

有学者将能源矿产资源承载力定义为：在能够预见的年限内，结合当时的自然环境、社会经济和科学技术，能源矿产资源的储存量用直接或间接方式在长时间内所能维持的人口数量以及经济总量。能源矿产资源承载力和其他自然资源相比具有以下几个特点：

（1）动态性：能源矿产资源属于不可再生的自然资源，有稀缺性和耗竭性的特点，因而能源矿产资源的承载力大小与时间为反向相关。并且，对能源矿产资源进行开发利用需要依赖科学技术的进步，而能源矿产资源的利用率和经济转化率与科技的进步程度正向相关，因此能源矿产资源的承载力与科技水平也成正相关。正反比例关系决定了能源矿产资源承载力为一个动态值，在不同的时间承载能力大小有所不同。

（2）不可恢复性：因为能源矿产资源的开发利用所需周期长，并且受到技术水平与区域富集性的制约，在能源矿产资源的开发利用过程中，资源的易浪费性及耗竭性对能源矿产资源承载力的不可恢复性起着决定性作用。

（3）综合性：能源矿产资源承载力涉及的因素有很多，既包括自然的，也包括人文的。自然因素有能源矿产资源的数量及质量，区域的气候等；人文因素有人口状况、技术水平和资源利用的合理性等，这些因素结合起来影响着能源矿产资源承载力。

4.2.2 能源矿产资源综合承载力影响因子分析

4.2.2.1 我国能源矿产资源开发中的生态环境承载力

能源矿产资源的生态环境承载力是保证生态环境的质量稳定并且不破坏生态环境系统中最大弹性限度的矿区环境系统，即它能够承载的污染物数量以及所能支撑的矿业经济规模。该概念的实质是，我国能源矿产资源在开发利用过程中需要考虑生态环境的承载能力。

能源矿产资源中生态环境承载力的量值可以使用状态空间来描绘，同时能够解释生态系统状态与生态环境承载力之间的关系。图 4 – 1 表示的是一个状态空间图，只要该区域在一定的时空范围内，就意味着承载力状态点可以表示生态系统中存在的任何一种承载状态。状态点表示承载力在状态空间中的某个位置；如果将状态空间中的原点与状态点相连接，就构成了矢量模。图 4 - 1 中的 D 点就是状态点，OD 为矢量模，代表承载力量值。根据生态环境系统与生态环境承载力两者的关系，每一种生态环境状态都有相应的生态环境承载力与之对应。令图 4 - 1 中的 A、B、C 点代表生态环境系统为健康状态时的生态弹性力、生态环境承载力和矿产资源开发利用潜力的数值，那么对一定时期内的某个系统来说，曲面 $ABCD$ 代表的是相对应的生态环境系统在健康状态下的生态环境承载力。如果生态环境系统的健康状态越来越好，则相对应的生态弹性力、生态环境承载力和矿产资源开发利用潜力也会随之增加。总体而言，只要是在 $ABCD$ 曲面以下的点，就意味着该生态环境承载力相对应的生态环境系统正朝着病态的方向发展；只要是在 $ABCD$ 曲面以上的点，就意味着该生态环境承载力对应的生态环境系统正朝着越来越健康的方向发展。

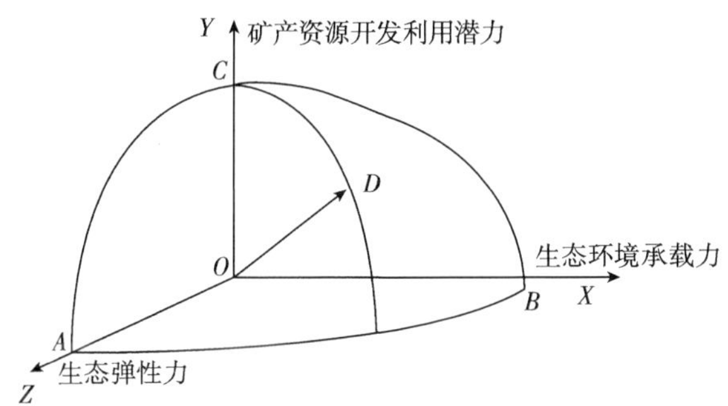

图 4 - 1　生态承载力概念模型示意图

资料来源：杨志峰，等. 基于生态系统健康的生态承载力评价 [J]. 环境科学学报，2005 (5).

生态环境承载力的存在具有客观属性。生态环境是一个动态的系统，在不同时间和地点承受着外部作用力；当然，生态环境承载力也具有一定的可调节性。在能源矿产资源的开发利用过程中，不仅会产生外部不经济的效应，而且会降低生态环境的承载力。如果能做到既满足自然规律又满足经济规律，那么就可选择可持续的能源矿产资源发展模式，拓宽生态环境承载力的边界。然而，如果能源矿产资源的开发活动大大超过了生态环境自我修复的最大值，那么就打破了生态环境的承载力，很可能会造成不可恢复的严重后果。

生态环境承载力的指数 & = 人类的发展活动/生态环境承载力

当 & >1 时，表示在社会经济发展过程中，人类对环境的索取以及对资源的开发利用超过了生态环境对发展活动的支持力度，即生态环境已达到严重超载的地步，换言之，资源被人类过度消耗了。当 & <1 时，意味着在社会经济发展过程中，人类对环境的需求以及对资源的消耗远小于环境能支持社会发展的程度，即生态环境承载力还允许人类进一步开采能源矿产资源。当 & =1 时，意味着生态环境承载力恰好满足人类对能源矿产资源的需求，同时最大限度利用了生态环境承载力；在这种情况下，为满足未来可持续发展的需要，应该对现有资源进行重新配置。

对能源矿产资源的发展而言，生态环境承载力指数的分子是人类能源矿产资源的发展活动，分母是环境对能源矿产资源发展的承载力，因此，可持续发展的平衡点是能源矿产资源的发展达到生态环境承载力的最大值。能源矿产资源的发展与生态环境之间的平衡是动态的，能源矿产资源的合理配置的变化是非线性的。根据以上因素，可将能源矿产资源发展中环境承载力的指数定义成：在某个时间段内，能源矿产资源的产品种类为 n，每种产品对资源的消耗为 R_n，每种产品因对环境造成污染而损失掉的资源为 L_n，每种产品能产生新资源或者可再生资源为 P_n，此时的生态环境承载力为 F，那么生态环境承载力的指数 & 可以表示为：

$$\& = \sum (R_n + L_n \times P_n) / F \qquad (4-1)$$

如果参考我国的生态足迹指标，可以进一步测度我国生态环境承载能力和可持续发展。生态足迹指的是生物生产性土地的面积，表示按照可持续发展的方式，为满足一定数量人口的消费所需要的生物生产性土地面积。因而生态足迹指标通过供需之间的差异来分析生态系统对经济增长的制约性，从宏观角度出发度量经济系统对生物生产性土地面积的需求。一般来说，大家都将“化石燃料土地”理解成仅供吸收二氧化碳的土地，然而化石燃料是指煤、石油和燃气等。如果根据人们对中文理解的习惯，那么“化石燃料土地”应该是“生产或者储藏煤、石油和燃气等化石燃料的土地”，也就是说它们应该是能源矿产资源用地。在对土地的划分标准上，其他生物生产性土地强调土地的“生产性”，而不是“功能性”；如果把“化石燃料土地”理解成能源矿产资源用地，则可以在划分标准上使其与其他 5 类土地的划分标准一致。化石燃料的走势和生态足迹的走势趋同，表示能源矿产资源用地的状态越来越紧张，对能源的结构进行调整是降低生态系统占用过多空间的有效方式。

4.2.2.2　我国能源矿产资源开发中的人口承载力

在一国的社会制度保持不变时，人口问题实际上就是人口数量与经济发展以及资源环境承载力之间相互关系的问题。不需要考虑其他因素，仅从能源矿产资源的角度去分析资源对人口数量的负载量，就能够形成能源矿产资源的人口承载力。能源矿产资源开发过程中的人口承载力的定义为：在能够预见的年限内，结合当时的自然环境、社会经济和科学技术，能源矿产资源的存量用间接方式在长时间内所能维持的人口数量。能源矿产资源的人口承载力具有以下特点：

（1）时间限制性。能源矿产资源是不可再生的自然资源并且数量有限，假设人口总数不变，那么人口承载力与时间为反相关。

（2）间接消费性。虽然能源矿产资源作为工业等物质生产部门中的基础性原料，但是其承载力并非直接体现为供养的人口数量上。

（3）持久性。由于能源矿产资源开发利用的周期较长，进入消费市场后，它所能使用的周期也相对较长，因此能源矿产资源的人口承载力表现出了持久性的特点，即刚性特点。

（4）并存性。并存性是指在利用能源矿产资源的过程中，资源的浪费和环境的污染是一并存在的。由于目前的技术手段存在不足，对能源矿产资源的利用还不够充分，错误地把具有使用价值的能源矿产资源看作是废弃物而排入自然界。如此，不仅会对资源造成浪费，同时也会对生态环境造成破坏，甚至超出能源矿产资源对人口的承载力。

在技术水平一定的条件下，能源矿产资源对人口以及人类活动可容纳量的“可持续性界限”可以用图4－2来表示。在图4－2中，横坐标OT代表的是时间，纵坐标OM代表的是人口容量。曲线mp代表的人口容量是以生存为标准，曲线$m''p''$代表的人口容量是以保持现有的生活为标准，于是曲线$m'p'$以上空间代表的人口容量表示的是有部分人口处于寻求生存的状态，曲线$m''p''$和曲线$m'p'$之间的人口容量表示的是无须为基本的生存问题担忧，但是生活标准会降低，只有在曲线$m''p''$以下的人口容量才可以使生活水平日益提高。因而曲线$m''p''$代表的就是资源的可持续性边界，曲线$m'p'$代表的就是资源的最大人口承载力，我们把曲线$m''p''$以下代表的人口容量称为可持续能源矿产资源的人口承载力。能源矿产资源中人口承载力的分析要以能源矿产资源人均消耗量预测正确为前提，主要分析的是在人均消耗量一定的前提下，未来能源矿产资源的供需平衡关系。

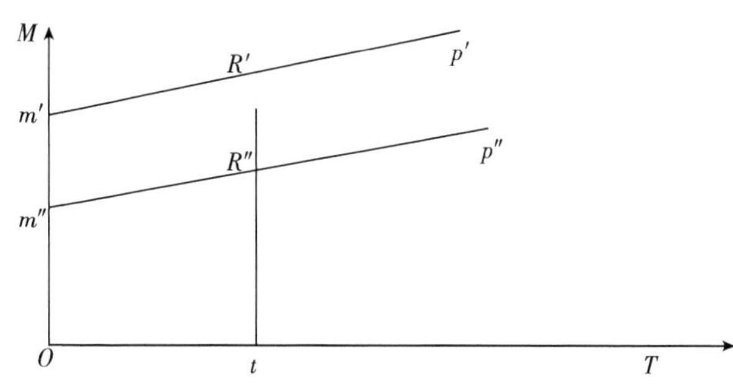

图4－2　能源矿产资源人口承载力示意图

资料来源：李文．资源承载力与可持续发展［J］．财经论丛，2003（4）．

通过分析未来资源的产量以及未来应有的人均消耗量，获取未来资源能够供养人口数量的数据。有关部门的研究显示，到2030年左右，我国人口将达到 16 亿的峰值。

能源矿产资源开发利用过程中的人口承载力是一个变量，要结合时间的变化对其进行动态考察。如果对能源矿产资源的消耗呈增长趋势，并且其增长幅度超过了区域系统的供给能力，那么对能源矿产资源投入的边际效益就会降低，资源的人口容量弹性也会缩小；如果对能源矿产资源的消耗保持在与区域系统供给同步增长的水平，那么能源矿产资源的人口承载力也会相应地增长；如果对能源矿产资源的消耗程度低于区域系统供给增长的幅度，那么对能源矿产资源投入的边际效益就会降低，能源矿产资源的人口承载力会大幅增长。此外，还需要将人口迁移因素纳入对能源矿产资源中人口承载力的分析范围。理论人口和实际人口两者之间的差称为绝对迁移潜力，而相对迁移潜力是绝对迁移潜力与实际人口之比。如果理论人口与实际人口的差值越大，那么绝对迁移潜力也就越大。尽管我国总的生育率已经下降，但由于人口增长的惯性，我国的人口增长过程仍然要持续到 2050 年左右。在 21 世纪前期，我国人口数量不断增长，导致不可再生能源矿产资源的人均占有量逐渐下降。经济的发展以及人们生活水平的提高使人均消费需求量持续上升，能源矿产资源对于支持经济发展和人口增长的负荷日益加重。

4.2.2.3　我国能源矿产资源开发中的水资源承载力

水资源承载力主要从生态用水、生产用水和生活用水三个方面影响自然支持系统中的其他因子，进而引发连锁反应，限制了自然系统的承载力。一方面，生态用水的改变会直接导致生态系统中环境容量、资源承载力和环境承载力的改变；另一方面，生产和生活用水的改变会直接或间接影响生态环境。在一定时期和一定区域范围内，水资源总量是不变的，而且在技术经济水平未提高的情况下，支撑自然系统承载力的水资源量也是不变的。由于水资源会在一定程度上制约自然系统承载力，在某种程度上来说，单位水资源的生态效益高低最直接的表现是自然支持系统承载力的高低。同理，单位水资源经济效益的高低与经济系统承载力的大小也存在正向相关。综上所述，只要水资源生态、经济和社会效益三者中任一因素发生改变，都会通过各因子的传导作用导致三个系统的承载力发生不同程度的变化，进一步给土地的综合承载力带来影响。

一般而言，水资源符合边际效益递减规律，如支持生态环境的水资源，若用较少的水资源来支撑生态环境承载力，那么水资源的生态效益在此时就是较高的。由于用来支撑生态承载力的水资源量越来越大，相对而言，单位水资源量的作用就表现出逐渐减小的特点；也就是说，当支持生态承载力的水资源量增加时，单位水资源量的生态效益呈现递减趋势。

目前，全世界的水资源量是 14 亿立方千米，农业用水量占世界用水量的比重是 70%，工业用水量占世界用水量的比重是 25%。近年来，由于人口数量的急剧增加，全世界的人均水资源拥有量已经减少了1/4。一直以来，我国是公认的资源大国，然而水资源情况并不乐观。我国人口占全球人数的 1/5，而淡水量却只占全球的 8%，人均水资源的占有量是 240 立方千米。现阶段，在约 1. 3 亿平方公里的耕地中，将近有 0. 6 平方公里是没有灌溉条件的干地旱地。我国每年大概有 2 亿平方公里农田受旱灾威胁，影响工业产值 2000 亿元。同时，我国的水污染程度越来越严重，每年排放的污水量高达 360 亿吨；只有 70% 的工业废水以及不到 10% 的生活污水是经过处理后才排放的，剩余的污水都是没有经过任何处理直接进入江河。此外，由于森林植被受到严重破坏，水资源平衡进一步受到破坏。

虽然我国水资源的承载力低，水与能源矿产资源的匹配程度也低，但能源矿产资源在开发利用过程中仍需要大量且稳定的水资源。为了确保能源矿产资源开发的安全性，在开发之前，需要对矿井进行排水处理，如对地表水体、地下含水层和岩溶水等进行人工疏干。在开采的过程中，采动沉陷区和裂隙带都会对上覆的含水层具有自然疏干的作用，从而导致大量水资源被耗损，甚至会破坏地下水系统。能源矿产资源开发的过程中对水资源的污染就是对水资源破坏最严重的表现，矿山向外排放的酸性矿井水、焦化厂废水和洗矿水等造成地表水的水质远达不到标准，使水资源供需矛盾更加突出。

从我国水资源现状以及近期水利工程的角度出发，同时结合能源矿产资源的发展来看，水资源对能源矿产资源的发展在一定程度上是具有承载力的。然而由于水资源分布不均匀，能源矿产资源的富集区有较大部分是位于缺水或者少水的沙漠腹地及沙漠边缘。如果能源矿产资源开发的需水量与当地水资源承载力之间存在不协调的关系，那么能源矿产资源的开发很可能就会因水资源短缺受到制约。尽管在局部地区，能源矿产资源的发展会受到水资源短缺的影响，但是可以从整体上进行调剂。

要使现有水资源的效益最大化，就应该存在一个最佳组合。要对这个最佳组合进行确定，就需要结合具体情况，对水资源的生态、经济以及社会效益进行细致分析。虽然从理论上来说，能够确定水资源配置的最佳组合，可是一旦具体落实到某一地区，在实践中确定水资源的最佳组合，其难度系数还是相当大的。实际工作中不仅存在水资源生态效益、经济效益和社会效益计算的困难，而且为了提高水资源的生态、经济与社会效益所采用的手段、方式及投入也是有差别的。

4.2.2.4　我国能源矿产资源开发中的土地资源承载力

土地资源不仅是我国社会经济可持续发展的基础，也是生态环境系统的载体。能源矿产资源的开发在利用土地资源的同时也在破坏土地资源环境。土地资源本身具有的有限性和不可再生性，使之与社会经济活动和矿业经济扩张之间存在一定的矛盾，并且随着时间的推移，该矛盾日益尖锐。

虽然我国国土面积广阔，但事实上适合进行经济活动的土地面积占比偏少。按照国家标准《城市用地分类与规划建设用地标准》（GB50137—2011）规定，城市用地的合理结构是：生活居住用地的比例为45%～50%，工业用地的比例在10%～15%，道路广场用地的比例在8%～15%。国家林业和草原局相关责任人表示，截至2017年底在我国有30个省份的889个县、旗、区分布有沙化土地。全国沙化土地有181.2万平方公里，占国土面积的18.12%。我国风蚀荒漠化土地的面积达160.7万平方公里；水蚀荒漠化土地的面积为20.5万平方公里，约占我国荒漠化土地总面积的7.8%。我国会把北方地区的荒漠化作为重点，特别是土地沙化问题进行集中治理，争取到2030年实现“人进沙退”的目标，争取到2050年将能治理的荒漠化土地都基本治理到位，最终实现经济、社会与生态三者之间的协调发展。

我国盐渍化土地的面积为23.3万平方公里，约占我国荒漠化土地总面积的8.9%。盐渍化土地的分布比较集中，柴达木盆地、黄河三角洲、塔里木盆地周边的绿洲、河套平原和银川平原等地区都表现出连片盐渍化的特点。我国冻融荒漠化土地的面积为36.6万平方公里，约占我国荒漠化土地总面积的13.8%。冻融荒漠化的土地主要分布在青藏高原上的高海拔地区。这些沙漠化、荒漠化的土地大都是我国能源矿产资源集聚的地方，很可能会降低我国能源矿产资源开发中土地承载力的强度。

4.2.3 能源矿产资源综合承载力体系的构建

在对能源矿产资源的综合承载力进行评价时，重点是在资源有限的前提下，尽量先满足农业、工业以及城市生活等方面的需求，最终促进我国经济增长。现阶段要对能源矿产资源的综合承载力进行量化研究，会遇到一定的困难，因为国内外都还未形成统一且成熟的研究方法，一般会选取定量与定性相结合的方法。本书把生态、人口、水资源和土地资源四个子系统看作一个整体，体现了综合且宏观的特征。本书选取模糊综合评判法，探讨能源矿产资源综合承载力的量化研究模型及方法，解析资源承载力计算中与之相关的关键性问题。

能源矿产资源综合承载力是一个动态的发展过程，即使在一定的约束条件下也会不断发生变化。不能把能源矿产资源的综合承载力理解为简单的数值相加，它在一定的范围区间内存在模糊的不确定性。选用综合指标评判法中的模糊识别模型从模糊的多因素切入进行综合评价，进而可以对区域资源的综合承载能力进行全面评价。综合指标法是一种常用的方法，其优点是直观、方便、简洁，主要缺点是难以建立评价指标体系和确定等级划分的标准。然而构建资源承载力评价指标体系是进行综合指标评判的前提，在选取指标时要注意选择有代表性、针对性且易于量化的指标。本书对指标进行赋权时采用的是层次分析（AHP）法。

模糊综合评价指的是运用模糊数学知识，按照模糊变换的原理以及最大隶属度的原则，对其整体优劣受到多种因素制约的事物及现象作出总体评判。模糊综合评价的实质是将评价对象的各项属性和性能作为因素集或参数指标，然后建立评判集以及评判矩阵。因素集、评判集以及评判矩阵三者构成了一个评判空间，对因素集中那些不同侧重的各因素赋予不同的权重，然后进行综合评价。模糊综合评价法在对系统进行评价、对故障进行诊断、对质量进行管理以及为发展提供对策等诸多方面都有应用。近些年，模糊综合评价法也开始运用在资源承载力的研究中。

在运用模糊综合评价法进行资源承载力评价时，最重要的就是选取恰当的评价指标。选取的评价指标是否符合实际，对评价结果会产生直接影响。因此，在选取评价指标时应全面分析能源矿产资源承载力各影响因素及各因素之间的动态联系和组合方式，以各个评价指标对能源矿产资源承载力的影响大小为标准，确定评价指标并且对其分级。

4.2.3.1　指标体系建立的基本思路

能源矿产资源综合承载力评价系统是多层次且多目标的评价，能源矿产资源综合承载力大小体现的是经济、资源、人口和社会系统等多个方面的平衡。要将这种多维矢量表现出来，需要建立一套指标体系。能源矿产资源综合承载力的评价指标体系能够直接反映生态资源承载力、人口资源承载力、水资源承载力以及土地资源承载力，体现出能源矿产资源综合承载力是按照一定的原则组成且带有不同属性特征的集合。

4.2.3.2 指标选择的原则和方法

对能源矿产资源综合承载力进行测算时，首先要选取适当的指标，建立指标体系。影响水资源承载力大小的因素有很多，既有直接的、间接的，也有短期的、长期的，还有诱发的、积累的。能源矿产资源综合承载力的评价指标涵盖资源系统的多个方面，是反映生态环境、人口、土地资源、水资源和社会经济等方面内部特征和相互关系的综合指标，因此指标的选取需要依据以下几个原则：

一是可控性。在选择能源矿产资源综合承载力的评价指标时，要特别注意选取那些具有重要控制意义、能够受到管理者决策影响的指标以及表现出时空动态的指标。

二是层次性。能源矿产资源的综合承载力是由一系列相互关联、相互补充的多因素及多层次指标组成的复合系统，有宏观、中观和微观 3 个层次，还有若干个子系统。所以，在建立指标体系时应该充分根据系统结构区分指标的层次，从宏观到微观、从抽象到具体。为了使建立的指标体系能更好地反映系统的层次性，可以将指标体系分为 3 个层次，分别是目标层、准则层和指标层，并且在此基础上对指标进行分析，使指标体系的结构更加清晰。

三是科学性。所选取的指标要能够客观、科学地反映能源矿产资源的综合承载力，要能够较好地量度各种资源子系统发展的程度，反映主要目标实现的程度，进而综合反映出影响资源承载力变化的主要因素。指标的选择要以公认的、科学的理论为依据，尽量体现可持续发展的理念。每个指标都需要有明确的意义，这样才有助于整个指标体系能真实且有效地反映出能源矿产资源的综合承载力。

四是可行性。指标选取应该尽量选择那些能对系统状态进行完整描述的指标，构建指标体系时尽可能不选用那些很难用数字表示的定性指标，尽量多选取易于量化、方便采集、由权威统计部门发布的并且可信程度高的指标。

在相关指标依照以上原则完成选取后，还需要注意的是选择采用定性分析还是定量分析或者是定性和定量相结合的方法对指标进行分析。

一是定性分析方法。在能源矿产资源综合承载力的影响因素中，有些是直接且明显的，有些是间接且不明显的。无论哪种影响因素，我们都可以采用定性的分析方法。例如，社会调查法、专家咨询法，还有参考现有的研究成果。先对已有的影响因素汇总，然后把那些重复并且明显不合理的因素排除在外，归类之后就是定性分析结果。

二是定量分析方法。对于使用定性分析方法得出的初选指标，再采用定量的方法进行分析，如因子分析法和相关分析手段等（可以使用 SPSS 软件），对统计或调查资料获得的一系列数据做定量化处理，找出主要的影响因子，即主导因素，能源矿产资源综合承载力的评价指标体系便构建完成。

三是定性与定量相结合的分析法。首先是使用社会调查和专家咨询等定性方法对初选时确定的指标进行分析，然后再结合定量方法对其进行分析，最后是确定哪些指标能够加入评价指标体系。

4.2.3.3　指标体系的确立

能源矿产资源综合承载力评价指标涵盖了资源系统的多个方面，反映了自然地理环境特点及区位条件，同时经济技术水平的发展、人类对资源的利用率和生态环境的改善也都会影响指标体系的最终确立。其评价指标需要在物质、能量和信息三个方面体现不同区域的社会、经济发展与资源系统之间的联系。

能源矿产资源综合承载力评价指标体系的总体框有三个层次，即目标层、准则层和指标层。目标层是指标体系的系统层，它反映的是资源承载力的总体评估。准则层是指标体系的第二层，它包括构成能源矿产资源综合承载力的四个一级子系统，分别是生态资源的承载力、人口资源的承载力、水资源的承载力以及土地资源承载力。指标层是准则层下属的二级子系统，它由 14 个指标构成，根据指标的不同性质和运用目的，分属于四个一级子系统。

能源矿产资源综合承载力指标主要由四个一级指标构成，分别为生态资源承载力、人口资源承载力、水资源承载力以及土地资源承载力。生态资源承载力主要反映的是能源矿产资源开采利用对生态环境以及给人们生活质量带来的影响。在生态资源承载力中选用的主要评价指标是森林覆盖率、草地覆盖率以及人均绿地面积。人口承载力主要反映了人口的数量以及人口的密度对能源矿产资源的需求消耗量。在水资源承载力中选用的主要指标是水资源供需比、人均水资源可利用量、单位 GDP 用水量和工业废水达标率四项指标。人均水资源量反映的是每个人平均能使用的水资源数量；水资源利用率反映的是水资源供水能力的强弱以及人们对水资源的利用效率。人均用水量反映了人口用水的总体水平；单位用水 GDP 产出可反映水资源经济产出效率。工业废水达标排放率反映了工业发展对水资源承载的影响。土地资源承载力的评价指标选用的主要指标有城镇化率、人均耕地、城市人均居住面积、土地利用率和单位土地 GDP。城市化率与人口密度反映的是人口数量以及人口的生存空间；城市人均居住面积反映了城市人均占用住房面积的多少，侧面表明人们的生存状态；土地利用率即被利用的土地面积与总土地面积之比，反映的是土地开发利用的程度以及土地资源的开发潜力。单位土地 GDP 代表的是土地资源的现实产出能力以及单位土地面积的产出水平（见表 4－4）。

表 4－4　能源矿产资源综合承载力

目标层	准则层	指标层	单位	指标释义
能源矿产资源综合承载力	生态承载力	A_1 森林覆盖率	%	林地面积/绿洲面积
		A_2 草地覆盖率	%	草地面积/绿洲面积
		A_3 人均绿地面积	%	人口总量/绿地面积
	人口承载力	B_1 人口自然增长率	%	（出生人数－死亡人数）/同期平均总人口数
		B_2 人均密度	人/平方米	人口总量/土地总面积
	水资源承载力	C_1 水资源供需比	%	可供水量/总需水量
		C_2 人均水资源可利用量	立方米	水资源可利用量/总人口
		C_3 单位 *GDP* 用水量	立方米/万元	总需水量/GDP 总量
		C_4 工业废水达标率	%	达标排放的工业废水量/工业废水排放总量
	土地资源承载力	D_1 城镇化率	%	城镇人口/总人口
		D_2 人均耕地	亩/人	耕地面积/人口
		D_3 城市人均居住面积	平方米/人	城市住宅建筑面积/城镇人口
		D_4 土地利用率	%	已利用土地/土地面积
		D_5 单位土地 GDP	万元/平方千米	GDP/土地面积

4.2.3.4　评价指标的分级

在确定能源矿产资源综合承载力评价指标的分级时，需要依据一定的标准。如果有些指标已经有了国家标准，那么就尽量采用现有的国家标准，如《城市用地分类与规划建设用地标准》（GB 50137—2011）等；如果没有国家标准，那么可采用同行业的经验；如果既没有国家标准又没有同行业经验，那么可采用国际上通用的衡量标准，或参照同类评价工作的约定标准，并且尽量同国家或地方现存的相关研究目标值一致。

通过对各个指标的内涵进行分析我们可以发现，指标类型主要分为三种，区间型指标、递增型指标以及端点型指标。区间型指标代表的是，指标值在一定区间内能源矿产资源的承载能力是最强的，并且无论指标值向区间的左边还是右边移动都会使资源承载力水平降低，如工业用地比例，一般来说，工业用地所占比例应该在一个合理的范围内，过大或过小都会对城市的生产生活造成不利影响，因此工业用地的比例应该是一个区间值。递增型指标：该指标值越大，表明资源承载能力越强，如土地利用率，土地利用率的数值越高则意味着土地利用的程度越高。端点型指标：该指标值达到某一数值就说明达到了能源矿产资源综合承载力的最高水平。

在具体的评价工作中，针对某项指标，可以结合上述方法再参考国家已有标准、行业经验或者同类评价工作的约定标准等，采用分类对比的方法来确定指标的分级标准。换言之，就是将某项指标分别列出相应的国家标准或行业的经验值，以及参照系城市的平均值、最大值或者最小值以及分地区的平均值等，对各数值进行对比，然后根据评价指标对区域资源承载力的影响程度对其进行分级。

4.2.3.5 评价指标的权重

对能源矿产资源的综合承载力进行评价时需要运用一定的评价方法，并且评价指标体系中每个指标对评价对象的作用都是不同的，指标的权重代表该指标的重要程度。确定指标权重的两大方法是主观赋权法和客观赋权法。主观赋权法更多地是凭借主观经验去确定权重，如德尔菲法、因素成对比较法、层次分析法等；客观赋权法则需要根据评价对象的各项指标数据，然后按照一定的计算准则得出各个评价指标的权重，如主成分分析法。客观赋权法的优点是可以减少人为因素的主观影响，得到的权重结果将更具有说服力。

德尔菲法、因素成对比较法和层次分析法都依赖专家的主观判断，而主成分分析法只涉及指标数据，不需要依赖专家的主观意见就可以得到各项指标的权重值，也就是说不会对专家的知识结构以及主观经验的判断产生依赖。主成分分析法与前三种方法相比更具客观性。综上所述，本书将采用主成分分析法确定指标权重。

主成分分析法先对基础数据进行正交旋转，由于各因子变量在较多变量上都具有很高的载荷，因此对因子载荷矩阵旋转后的结果再进行公因子方差求和，然后将各指标的公因子方差与所有指标的公因子方差之和相除，所得到的比值就是各指标的权重值。

4.2.4　能源矿产资源综合承载力模型的建立

4.2.4.1　引入模糊综合评价的模型

很多因素都可能会影响能源矿产资源的综合承载力，如其中的水资源承载力会受到水资源的开发利用程度、工农业生产和生活用水等多种因素的影响和制约。因此，在建立综合评价模型对能源矿产资源承载力进行定量评估时，所选取的指标需符合能源矿产资源综合承载力多系统、多层次和多因素的特点。

4.2.4.2　构建模糊的隶属函数矩阵 R

对模糊隶属函数矩阵的构建，主要步骤如下：

第一步：评价因素集的确定。假设 M 是一个给定的有限域，那么 M 就是评价的对象，找出有哪些因素会影响评价对象，令影响因素为 $\{M_1, M_2, \cdots, M_n\}$，进而形成评价因素集 $M=\{M_1, M_2, \cdots, M_n\}$。现以土地资源承载力为例，选取影响其评价的主要因素，依照专家们研究的结果，建立其评价因素集 $M=$｛城市化率，人均耕地，土地利用率，单位土地 GDP，…，单位土地水资源量｝，M 代表的是综合评价因素组成的集合。

第二步：评价集的设定。设 P 是给定的有限域，$P=\{P_1, P_2, \cdots, P_n\}$，$P$ 代表的是评价组成的集合。按照评价指标对区域能源矿产资源综合承载力的影响程度，对评价指标进行分层次处理，具体见表 4－5。

表 4－5　资源承载能力划分

项目	P_1	P_2	P_3
可承载能力	强	中	弱

第三步：隶属函数的构造。各因素模糊性的程度可以通过隶属函数来反映，隶属函数可以反映评价因素对模糊集合隶属关系不确定性的大小。假设 A 为 M 上的模糊子集，$A=\{a_1, a_2, \cdots, a_n\}$，$0<a_i<1$ 为评价因素集 M 中的单因素 M_i 对 P 的隶属度。

要将模糊集合应用到实际问题中，前提是建立模糊隶属的函数矩阵。然而隶属函数的建立还没有一种普遍适用的方法，通常使用推理的方法对其进行近似地确定，也可以通过模糊统计试验或实际经验总结的典型函数方法来确定。确定隶属函数的常见方法有模糊统计法、二元对比排序法和逐级估量法。本章以模糊统计法中常用的半矩形分布和矩形分布模糊隶属函数为例：

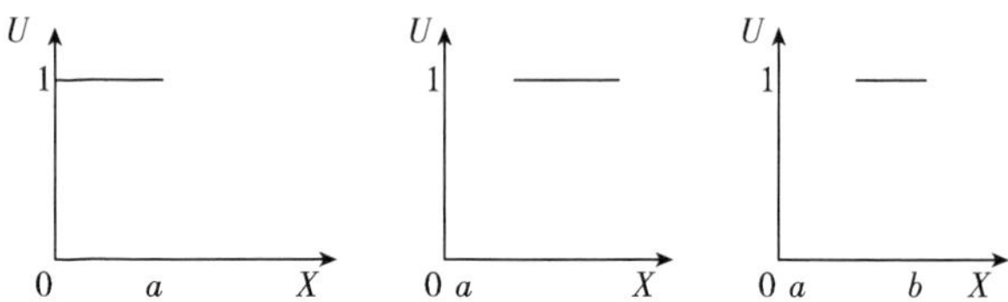

图 4－3　降半矩形分布、升半矩形分布、矩形分布

降半矩形分布：$U_A(X)=\begin{cases}1, & x\leqslant a\\ 0, & x\geqslant a\end{cases}$

升半矩形分布：$U_A(X)=\begin{cases}0, & x<a\\ 1, & x\geqslant a\end{cases}$

矩形分布：$U_A(X)=\begin{cases}0, & x\leqslant a\\ 1, & a\leqslant x\leqslant b\end{cases}$

第四步：构建隶属函数矩阵。评价指标 $M=\{M_1, M_2, \cdots, M_n\}$ 对应着评价集 $P=\{P_1, P_2, \cdots, P_n\}$。把评价指标 M_i（$0<i<m$）的实际数值和各评价指标的分级标准做对照处理，从经常使用的隶属函数中选择适合的隶属函数，进而构建出均匀分布的隶属函数评判矩阵 $R(r_{ij})\ m\times n$：

$$R=\begin{cases} r_{11}r_{12}\cdots\ r_{1n} \\ r_{21}r_{22}\cdots\ r_{2n} \\ \qquad\vdots \\ r_{m1}r_{m2}\cdots\ r_{mn} \end{cases}$$

其中，r_{ij}是指 M_i的评价对等级 P_j的隶属度，矩阵 R 中的第 i 行 $r_i=$（r_{i1}，r_{i2}，…，r_{in}）是指对第 i 个评价指标 M_i的单因素评判结果。

4.2.4.3　模糊综合评价的模型

进行模糊变换，得出模糊综合评价的结果如下：

$$B=A\times R$$

评价结果中的 B 是 P 上的模糊子集，$B=\{b_1，b_2，\cdots，b_n\}$ 是等级 P_j对 B 的隶属度，它们代表综合评价的结果。

根据各评价指标对资源承载力影响程度的大小，利用前面阐述过的指标权重的确定方法，将各评价指标赋予不同的权重。

最后，根据研究目的的不同，能源矿产资源综合承载力的计算将涉及多个因素。确定不同因素承载力的权重分配后，首先对其评分值进行加权处理，然后再对一定区域内的各资源承载力进行综合评价与分析。

能源矿产资源综合承载力是一个模糊的概念，应依据模糊综合评价法计算得出的结果，对能源矿产资源综合承载力从高到低进行分级。单个资源的评价值 T 与多个因素资源的综合评价值 W 都是在 0～1，相对应级别的特点是：评分值与 1 的距离越近，表示其承载力强度越大；评分值与 0 的距离越近，表示其承载力强度越小。将承载力按照从高到低的顺序可分为 n 个级别，从级别 1 到级别 n 所对应的评分值是从 1 到 0。

表 4－6　资源承载力评价依据

项目	1	2	3
评价结果 T/W	0.666～1	0.334～0.666	0～0.334
可承载能力	强	中	弱

当单个资源的评价值 T 或多个因素资源的综合评价值 W 处于区间

0.666～1时，所对应级别的资源可承载能力为“强”，表现出的特点为：研究区域内，还在使用初级方式对资源进行开发，然而资源能够被开发的潜在价值巨大，并且此时的资源能够满足经济发展需求，资源的供给能力比较乐观。

当单个资源的评价值 T 或多个因素资源的综合评价值 W 处于区间0.334～0.666时，所对应级别的资源可承载能力为“中”，其特点是：在所研究的区域内，资源的开发方式是处于初级方式与饱和方式之间的过渡阶段，即资源仍有一定程度的开发利用潜力，而且此时资源的供给还能在一定程度上满足发展需求。

当单个资源的评价值 T 或多个因素资源的综合评价值 W 处于区间0～0.334时，所对应级别的资源可承载能力为“弱”，其特点为：研究区域内，资源可以承载的能力已经接近饱和，并且对资源进行开发的方式也处在饱和阶段，如果要进行深入地开发利用，其潜力较小，同时研究区域内此时的发展受资源供需矛盾的影响较大，资源的短缺很可能会限制经济的发展，需要及时采取措施进行资源的优化配置。

4.2.5 能源矿产资源综合承载力状况分析

综上所述，我国能源矿产资源综合承载力的可承载能力还不算太高，需要我国政府和相关企业引起关注。在对我国能源矿产资源进行开发利用的过程中，也需要考虑生态、人口、土地和水资源环境等因素。

我国能源矿产资源的开发利用与资源环境系统构成了“资源—自然—人口—土地—水”的复合系统，即能源矿产资源系统。由于这个系统由多个子系统和要素共同构成，只要系统内部任何一方发生改变，都将对整个系统产生影响。为了维持系统的可持续性，不仅要掌握系统要素的阈值以及各要素之间的反馈关系，而且还要对我国能源矿产资源开发的综合承载力进行充分了解。如果将能源矿产资源开发放在自然系统层面，那么就必须考虑生态环境对能源矿产资源开发的承载力，这涉及水资源和土地资源对能源矿产资源开发的承载力；如果将能源矿产资源的开发放在社会系统层面，那么就要分析能源矿产资源对人口的承载力；如果将能源矿产资源的开发放在经济系统层面，那么就要明确能源矿产资源对经济发展的支撑能力。

在能源矿产资源的开发及利用过程中存在两对矛盾：一是经济的发展对资源的需求是无限的，然而能源矿产资源的供给却是有限的；二是能源矿产资源的开发对环境造成的污染和破坏是严重的，然而环境保护的力度还有待提升。要解决这两对矛盾，我们就要把能源矿产资源的生态环境承载力、人口承载力、水资源承载力、土地资源承载力四个因素纳入能源矿产资源的综合承载力考查范围内。

通过上述分析，我们可知我国能源矿产资源的综合承载力现状为中等水平，还有一定的开发潜力，但在开发的时候要考虑对人口、水资源及土地资源的影响。要尽可能地在能源矿产资源综合承载力的承受范围内，最大限度地对能源矿产资源进行开发利用。

4.3　本章小结

虽然我国的能源矿产资源总量较丰富，尤其是煤、石油和天然气，但它们是不可再生资源，是有限的，需要对其进行合理开发和利用。由于我国人口基数大，因此能源矿产资源的人均拥有量相对较低，并且勘探开发难度日趋增大。同时能源矿产资源本身存在稀缺性和耗竭的风险，这也为我国矿产资源的开采带来了一定的困难。

能源矿产资源的供给与需求之间需要具有一定的平衡性，人们生活、社会经济的发展都离不开能源矿产资源的支持。现阶段我国的能源矿产资源总体上来说处于供需平衡的状态，但对煤的消费依赖程度却很大。

对能源矿产资源综合承载力进行量化的评价方法主要有单因素评价法、多目标分析法和模糊综合评价等。在实际运用过程中，由于研究对象不同，研究目的也有差异，因此单个的研究方法存在一定的局限性，若是将几种方法结合起来运用，将能更有效地解决问题。本章运用因素分析法，从生态环境承载力、人口承载力、水资源承载力、土地资源承载力四个方面对我国能源矿产资源综合承载力进行分析。

能源矿产资源综合承载力有一个范围区间，并且存在模糊性和不确定性，它不是一个简单的数值概念。因此，使用模糊识别模型对其进行多因素综合评价，有利于全面地反映我国能源矿产资源综合承载力的状况。

第 5 章
能源矿产资源开发效率实证研究

改革开放以来，中国经济迅速发展，备受世界瞩目。然而，经济的高速增长主要依赖于大规模的要素投入，如劳动、能源矿产资源等，粗放型经济发展模式导致资源浪费、环境污染等一系列问题。具有稀缺性、可耗竭性的能源矿产资源一直是工业原料的主要来源和经济发展的动力，但能源矿产资源的开发伴随着强烈的负外部性。能源矿产资源是自然界中十分重要的资源之一，人类依赖其生存、社会依靠其发展，能源矿产资源的消耗是不可逆转的。

新中国成立以来，我国经过不断地建设和发展，能源矿产资源的开发能力有了很大的提高。不过，如果和矿业发达的欧美国家相比，我国能源矿产资源的开发能力还有待进一步提高。我国能源矿产资源丰富且分布广泛。目前，天然气、石油、煤炭、油页岩、石煤、铀、钍以及地热这八种能源矿产已被开发，能源矿产是中国矿产资源的重要组成部分，能源的利用是发展资源节约型和环境友好型社会的必然要求，为经济发展作出了巨大贡献。尽最大努力提高我国能源矿产资源开发的效率，有利于我国建设资源节约型、环境友好型、和谐型社会，因此一定要坚持贯彻创新、协调、绿色、开放、共享的社会发展新理念。中国必须遵循节能和环保的基本路线。我们必须坚定不移地坚持可持续发展的根本原则，加快建设资源节约型和环境友好型社会，构建人与自然协调发展的新格局。中国努力加强国家生态安全，积极推进能源革命，转变能源生产方式，优化资源供给结构，提高能源开发能力，建设绿色低碳快速高效的能源体系，保障国家能源安全；加快优化能源矿产资源结构，加强国家能源基地建设，积极高效地利用能源，改造大型煤炭基地，研发新技术来完成绿色低碳开采；扩大石油和天然气的勘探开采规模，在监管下按顺序开放矿业权，建立节约和可重用资源的观念，从根本上转变资源使用方式，在整个过程中加强节约管理，大幅提高资源利用效率；加强矿产资源的规划和控制，严格实行分区管理制度、总量控制制度和开采准入制度，加强复合矿区的协调，支持矿山企业技术改造，引导小矿山兼并重组，关闭技术不过关、导致环境污染的矿山，努力打造绿色矿业示范区，开启能源矿产资源保护和高效利用示范项目，保护矿产资源，提高能源矿产资源开采“三率”；完善有利于能源矿产生产开发的机制，建立国家能源矿产资源权益制度，完善能源矿产资源缴税制度，因此，有必要加强对能源矿产资源开发利用效率评价的研究。

我国经济的不断发展对能源矿产资源开发的效率提出了新的标准和更高的要求，在增加能源矿产资源产品供给的同时，必须保证能源矿产资源的质量。提高能源矿产资源开发效率，符合国家可持续发展的基本国策，有利于建设资源节约型、环境友好型社会。自新中国成立以来，经过几十年来的发展建设，中国能源矿产资源的开采量已经满足了国民经济发展的基本需要，近年来，能源矿产资源的开发难度越来越大，虽然我国的能源矿产资源开发水平正在逐步提升，但是先进和落后是同时存在的，我国拥有具有世界先进水平的大型能源矿产企业，拥有极为先进的能源矿产资源开发技术，但同时不仅存在着很多开采技术差、装备落后、员工效率低下、严重污染环境的小型能源矿产企业，而且还存在着研究能力弱、创新能力差、实用化程度不高等问题给能源矿产资源的开采、选择、冶炼等过程带来很大的困难，尽管困难重重，但对能源矿产开采技术的进步仍然有不小的促进作用。

对能源矿产开发效率的研究是一个新的研究领域，目前仍然没有一个十分准确的定义，所涉及的术语和研究方法还需要更加深入地研究。能源矿产开发效率是指单位时间里实际开采的能源矿产量，是开采投入与开采产出的比值。能源矿产资源开发效率从本质上可以分为质的效率和量的效率。从宏观角度来讲，能源矿产资源的开发效率就是指开采出的能源矿产与其产出的社会、环境和经济效益与投入开采能源矿产资源量的比例。截至目前，我国的专家和学者对单种矿产资源、水资源等开发效率的研究比较多，但对能源矿产资源开发效率的研究却比较少，本章节将针对能源矿产资源开发效率评价体系的构建、评价方法选择进行分析。

5.1 能源矿产资源开发效率评价指标体系的构建

5.1.1 能源矿产资源开发效率评价指标体系的构建原则

能源矿产资源开发效率评价指标体系是一个有内在结构的有机整体，由评价对象的各种特征和众多相关指标组成。为了适应评价对象的要求，建立新的发展导向，体现目标要求和目标需要，它将抽象的研究对象按照其特征方面的同一性分解为具有行为和可操作结构的过程，并对评价指标体系中的指标分配相应的权重。

建立能源矿产资源开发效率评价体系的过程包括多种构成因素，各因素之间的相互关系也很复杂，主要涉及自然条件、环境保护、开发能力以及社会效应等。因此，能源矿产资源开发效率的评价既要有定性层面的评价又要有定量层面的评价。在建立能源矿产资源开发效率评价指标体系的过程中应遵守以下几个原则：

5.1.1.1 科学系统性原则

科学系统性原则，是指在建立能源矿产资源开发效率评价指标体系时，要多方面地、完整地、科学地体现与评价对象相关的经济效应、社会效应、环境效应之间的关联。能源矿产资源开发效率评价指标体系的设计以及评价体系指标的选择必须以科学系统性原则为基础，完整、真实地反映评价对象的特点和情况，能够客观显现出指标之间的逻辑联系。选择的评价指标要有代表性，不能过于繁杂、交叉包含，但也不能过于简洁，要确保指标信息的全面性、真实性，数据容易获取并且计算方法简洁易懂。评价指标之间要存在外部逻辑关联，它们不仅要从多方面体现开发效率评价指标体系的主要特征，而且还要反映指标之间的内部关联。每个子系统是由多个指标共同组成的有机统一体，各指标之间既相互关联又彼此独立。所建立的能源矿产资源开发效率评价指标体系具有自上而下的层次结构，从宏观到微观、全方位地形成了完整的评价指标体系。掌握和把控重要的指标，努力从多方面体现评价对象的本质特征；避免指标设置过于复杂，难以实施，要形成指标少、合理、最优的能源矿产资源开发效率评价指标体系。在构建评价指标体系、计算权重系数、选择评价模型时一定要全面考虑，才能从根本上体现评价过程的系统科学性。

5.1.1.2 可比性原则

在评价指标的挑选上，必须注意整体范围内的一致性，建立评价指标体系要服务于区域政策的制定，实现科学管理。在选择指标时，要统一计算方法和标准，且各指标要尽可能地简洁、细致、易收集，指标之间要有可比性，要有现实可操作性，同时，我们也要考虑是否可以对指标进行定量处理，这有利于以后的分析。采取国内外公认的标准或概念，消除特定条件下不确定性因素和环境因素的影响，将不可比因素转化为可比因素。

5.1.1.3 实用性原则

实用性原则是指评价指标集应符合评价对象的特点，满足评价的实际需要。根据评价对象所处的行业和运营内容的不同，指标设置上应存在一定的差异。在合理的情况下，根据评价对象自身特点，设置符合评价需要的评价指标。在施工过程中，评价体系必须具备实用性，从实际应用的角度来看，这种性能很重要。实用性原则要求简化目标、数据规范和简单计算，评价指标体系不能过于复杂，在保证层次和重点的情况下要尽可能地简化，筛选出对评价结果无显著影响的指标，以确保评价结果的客观性和全面性。定性指标和定量指标的来源必须可靠，对所采集的数据的可靠性不仅要严格控制，而且要容易取得，使评价工作简单方便，便于计算机处理，这是制定、修正评价指标体系的基本要求。

为了提高系统的实用性，应考虑以下方面：在设计时，充分考虑当前行业水平和各环节运行过程中数据处理是否简单易行，并且首先考虑满足评价要求；采用总体设计方案、分步计算，在总体设计的前提下，从一级指标层面开始实施，稳步向高级指标层过渡。这样，评价系统就可以始终与实际需求紧密联系，实用性大增，在体系建设中保持连贯性。

5.1.1.4　定量评价与定性评价相结合的原则

定量评价与定性评价相结合的原则意味着评价过程中要同时考虑定性评价与定量评价，在定量评价时，要使用多种方法和途径获取数据，通过数据分析反映评价结果。但是由于技术和成本的限制，我们无法全部采用定量评价，因此要与定性评价相结合，同步分析。以前，我们把定性评价和定量评价当作不同的评价方法，比如，定量评价只强调对评价指标的计算，定性评价也只是对计算结果的简明分析，并没有深入分析这些指标变化的原因及其影响因素，导致评价结果实用价值降低。把定性评价和定量评价结合起来，有利于帮助我们深入了解评价指标的属性，拓展分析视角，提高评价结果的使用价值。定性评价与定量评价相结合，要以定量分析为基础。由于定性分析具有逻辑性、抽象性和主观性等优点，因此，对相对模糊的事物的定义具有合理性，但与此同时，它的随意性和盲目性不断扩散，也容易导致歪曲事实真相。可见，定性评价不足以对评价指标的变化做出科学评价，也可能导致最终的评价结果错误，以定量评价为辅助，着眼于指标变化的数量界限和程度，对计算结果进行科学、客观地分析，并且根据指标对评价指标的影响力度，提出对策、解决问题。定性评价与定量评价的结合要以评价目的为终极标准，任何评价方法都必须符合评价的目的，不同的行业在不同的环境和阶段面临不同的问题，所以评价目的也有所差异，进而影响着定性评价的重心。因此，定性评价与定量评价相结合是提高评价结果有效性的重要原则。

5.1.1.5 可行性原则

可行性原则是指能源矿产资源开发效率评价的相关因素会随着时间推移发生变化，所以我们所建立的评价指标体系要能反映评价对象的动态趋势，并且保证指标的可操作性，使数据获取和运算过程简单易懂。灵活可行性原则要求以综合系统评价为主要方法，以评价效果为核心，以影响体系的各种指标为基础，通过使用大量的数据来判断体系是否可行；从客观公正的角度进行调查和研究，认真收集基本数据，并以符合要求的方式加以评价，如实反映客观情况；从客观数据出发，通过科学分析，得出体系是否可行的结论；基本内容要完整，数据要尽量保存，避免草率行事和形式主义，掌握可靠信息，确保全面、客观、连续地选择数据。

5.1.1.6 独立性原则

独立性原则是指在建立能源矿产资源开发效率评价指标体系时，选取的指标内容不要有重叠，减少指标之间的共性，避免由于指标内容的重叠造成评价结果的不准确。独立性原则可以体现整个评价指标体系的准确程度，通过些许指标也可以对能源矿产资源的开发效率进行评价。我们建立的评价指标体系是有目的的，即引导所选取的指标必须包含反映评价对象特点的能力，要围绕评价目标构建整个评价指标体系，从而给予研究者以真实正确的反馈。

5.1.1.7　目标导向性原则

目标导向性原则是指评价指标的选择必须体现以开发效率为中心的评价目标，改变过去只注重增加产出而忽视经济效益的方案选择导向。目标导向原则不仅要求指标与目标的一致性，还要求指标间的一致性，由指标构建的指标体系既是一个不可分割的整体，又具有相对独立存在的意义。目标导向行为是寻求实现目标的过程，不是直接实现目标，而是通过引导行为从而达成目标，评价的目的是为了引导被评价对象朝着预期的目标去发展，而不是只为了评价指标的好坏。所以，以目标为导向的行为过程越短越好，因为越接近目标，需求强度就越大；否则，时间长了，就会降低实现目标的欲望强度，容易产生负面影响。目标导向性原则强调，必须通过目标导向行为激励完成评价目标，进入目标行为。我们可以利用目标导向行为和目标行为之间的交叉，使动机强度持续保持在较高的水平。当目标实现时，便立即提出新的更高目标，并进入一个新的目标导向过程，这样一来，动力就会一直保持在较高的水平上。

5.1.2　能源矿产资源开发效率评价指标体系的构建方法

能源矿产资源开发效率评价指标体系是由多个指标组成的有机整体，反映了评价对象各方面的特点及其相互联系。在对应的评价层次上，充分考虑了影响环境、经济、社会系统的各方面因素，进行了全面地分析和评价。评价指标体系的构建方法有综合方法和分析方法。综合方法是通过将已有的指标组系统化来构建评价指标体系的方法。分析方法是把评价对象和评价目标分解成多个部分，然后对每个部分逐个分析，并把每部分都用具体的指标值予以表述。从结构上看，评价指标体系可以分为单一结构、线性结构和层次树形结构。单一结构简洁但不适合涉及因素较多的评价对象；线性结构的指标都处于同等地位，采用这种结构时一般能够将所有的指标进行加权得到最终评价结果，与单一结构相比，线性结构更能全方位体现评价对象的特点。层次树形结构将评价对象分为多个维度，又把每个维度划分为若干个子维度，直到可以用单一指标对其进行衡量。层次树形结构很复杂，各层次之间具有隶属关系，得到的评价结果也是客观全面的。目前能源矿产资源开发效率评价指标体系的构建主要使用层次树形结构。

5.1.3 能源矿产资源开发效率评价指标体系的构建步骤

5.1.3.1 确定评价对象

研究者的最终目的是评价能源矿产资源的开发效率，这要结合多方面的因素来综合考虑，如开采技术、资金支持、经济效益、员工效率等，每种因素又包含多种指标，如开采回采率、选矿回收率、综合利用率等。

5.1.3.2 搜集相关领域的文献

要建立能源矿产资源评价指标体系，需要对能源矿产相关领域的专业知识有深入的学习和理解，文献收集是衡量评价指标体系构建的质量和业务水平的重要工作，一般应遵循一定的原则，采取科学的方法，搜索指定范围内的文献，可以节省时间、人力和物力。相关文献的搜索渠道有：中国知网、高校内部数据库、学术资源数据库，以及高校图书馆、公立图书馆的专业书籍，若文献资料仍然不全面，还可以通过搜索公共网络进行检索，如谷歌学术搜索、谷歌专利搜索、百度学术搜索等。

5.1.3.3 初步构建评价指标体系

通过对大量相关文献进行阅读和研究，根据理论知识，初步构建能源矿产资源开发效率评价指标体系。

5.1.3.4 调研并再次进行资料搜集

通过走访、调研相关企业、政府机构、能源矿产资源研究中心、科研实验室等方式搜集能源矿产资源的完整资料。同时，密切关注行业变化，搜集有关该行业发展现状和未来发展趋势及其生存条件等资料，及时关注宏观环境的变化，特别是核心产业的发展变化对本行业的影响，如油价的升降等。中国经济仍处于转型期，各种政策和有关政府部门的职能正在发生转变，应注意收集相关信息，并注意产业发展的要求与政府管控的力度，如环境保护对很多行业的企业提出了更高的要求，甚至影响这些企业的存亡。

5.1.3.5　优化评价指标体系

能源矿产资源开发效率的优化是指通过调查对初步选择的指标进行择优筛选，深入调查研究各项评价指标，考查其是否具有针对性、导向性，找出短板和不足，准确设定考核指标，坚持做到有理有据、符合实际，使开发效率评价指标体系能够更加精确地体现评价对象的特征。

5.1.3.6　确定评价指标体系

能源矿产资源开发效率评价体系是很复杂的系统，涉及面广，因此需要研究者从宏观角度整体分析，确定指标是否能全面反映评价对象的开发效率；分析各项指标是否能量化分析；了解各项指标对评价结果有何影响，最终才能得出科学的评价指标体系。

5.2　能源矿产资源开发效率评价方法

5.2.1　模糊层次综合评价法

模糊层次综合评价法，是一种以模糊数学为基础的评价方法。该方法以模糊数学的隶属度理论为核心，将评价过程从定性分析改为定量分析，也就是说，利用模糊数学对多个因素影响下的评价对象进行综合评价。它能较好地解决量化困难的问题，得出的结果清楚明了、系统性强，适用于解决各种不确定性问题。它将评价指标按照规则分类形成层次结构，一般有三层，即目标层、准则层和因素层，而模糊综合评价法只有两层，即目标层和因素层。它综合了模糊综合评价方法和层次分析方法这两种评价方法，在效率评价和系统优化等方面被广泛应用。它是一个定性分析与定量分析相结合的评价模型，一般情况下，首先采用层次分析法确定因素集，然后用模糊综合评价法确定评价结果。模糊综合评价法位于层次分析法之上，将两者融合在一起会使整个评价过程更加可靠。

面对评价因素繁杂、评价对象层次多、评价标准模糊并且影响因素不确定、定性指标难以定量化分析的种种困难，研究者很难用绝对的语言来准确地表达客观结论，于是就会出现模糊的评价结果。由于描述时主要使用自然语言，而自然语言的主要特征就是因模糊而产生多重歧义，因此很难用数学统一衡量。模糊综合评价方法可以用多个指标对评价对象的状态进行模糊综合评价，划分出评价对象的变化范围，既可以考虑评价对象的层次，反映评价标准和影响因素的模糊性，又可以在评价中充分利用研究者的经验，使评价结果更加客观，符合实际情况。模糊综合评价方法将定性评价和定量评价完美融合，扩大信息量，从而提高了评价程度和评价结论的可信度。传统的综合评价方法数量多、种类多，应用范围广，但是没有一种方法能够完全解决所有问题，每种方法都有其重点应用的领域，而模糊综合评价方法则更加适合解决新领域出现的新问题。

模糊综合评价方法以评价对象为系统，逐层分解、比较判断、运用综合的思维方式进行决策，成为继机理分析、统计分析之后研究者进行系统分析的重要工具。系统指的是不切断任何因素对评价结果的影响，模糊综合评价法的权重设定最终都会直接或间接影响评价结果，而且各因素对各层次结果的影响程度都是量化的，十分明了。这种方法可以在对无结构特性的系统及多目标、多准则、多时期的系统进行评价时使用，这不仅是对高深数学的简单追求，也是对行为、逻辑、推理的关注。它将定性评价与定量评价融合在一起，分解复杂的系统，将研究者的思维过程数学化，便于人们接受，并把难以量化处理的多目标、多准则决策问题转化为多层次单一目标问题，通过两两比较确定同级影响因素相对上级影响因素的量化关系，最后再进行简单的数学运算，计算方法简单，结果明了，决策者易于掌握。模糊综合评价方法以评价者对评价问题的性质、影响要素的认识为基础，与一般的定量分析方法相比，更强调定性分析的重要性。由于模糊综合评价方法模拟研究者的决策过程，它给研究者留下了量化各影响因素对评价对象影响程度的步骤，将定性评价转化为权重进行量化评价，这种方法能够解决很多传统的最优技术无法解决的问题。

评价能源矿产资源开发效率的影响因素有很多，且各影响因素之间还存在不同的层次。通过对能源矿产资源开发效率的研究，我们可以将其影响因素分成四个主要评价指标：能源矿产资源开发利用水平、环境污染的恢复与治理、员工效率与社会经济效益。我们需要根据模糊综合评价法的基本原理，建立两级模糊综合评价模型，并利用该模型全面评价能源矿产资源的开发效率，其具体步骤如下：

5.2.1.1　构建能源矿产资源开发效率模糊评价指标体系

因素集是指影响能源矿产资源开发效率的各种因素的集合。可以用字母 W 来表示能源矿产资源开发效率评价的主因素集，一级评价指标为 $W = \{W_1, W_2, W_3, \cdots\}$，将主因素集分为多个子因素集，二级评价因素指标分别为 $W_1 = \{W_{11}, W_{12}, W_{13}, \cdots\}$，$W_2 = \{W_{21}, W_{22}, W_{23}, \cdots\}$ 等。结合我国能源矿产资源的开采特点，对各个影响指标归纳整理得到模糊综合评价因素集，如表 5－1 所示。

表 5－1　能源矿产资源开发效率模糊综合评价指标体系

<table>
<tr><th>综合评价指标</th><th>一级评价指标</th><th>指标编号</th><th>二级评价指标</th></tr>
<tr><td rowspan="8">能源矿产资源开发效率评价指标 W</td><td rowspan="3">开发利用水平 W_1</td><td>W_{11}</td><td>开采回采率</td></tr>
<tr><td>W_{12}</td><td>选矿回收率</td></tr>
<tr><td>W_{13}</td><td>综合利用率</td></tr>
<tr><td>环境污染恢复与治理 W_2</td><td>W_{21}</td><td>恢复治理率</td></tr>
<tr><td rowspan="2">员工效率 W_3</td><td>W_{31}</td><td>人均工业总产值</td></tr>
<tr><td>W_{32}</td><td>技术人员比</td></tr>
<tr><td rowspan="2">社会经济效益 W_4</td><td>W_{41}</td><td>单位矿量总产值</td></tr>
<tr><td>W_{42}</td><td>单位矿量销售收入比</td></tr>
</table>

以能源矿产资源开发效率为总体目标，将总目标分为四个次级目标：开发利用水平、环境污染恢复与治理、员工效率和社会经济效益，

再分别对四个子目标进行分析研究，构建子目标的指标体系，最终得到能源矿产资源开发效率指标体系。

（1）能源矿产资源开发利用水平。

能源矿产资源的开采进程、开采效率等情况可以在开发利用水平这一指标中得到有效体现，通常以矿业的“三率”指标来展现。

能源矿产资源的开采回采率越高，能源矿产可开采量就越大，经济效益也会随之增多。其主要影响因素有采矿技术、采矿设备、工业等级和临界等级的选取等。能源矿产资源的开采回采率可以表示为：

$$\text{开采回采率} = \frac{\text{开采能源矿产资源量}}{\text{采矿区能源矿产资源产量}}$$

能源矿产资源的选矿回收率是衡量能源矿产企业的选矿能力和入选矿石中有用成分回收程度的重要指标，其影响因素包括选矿技术、选矿设备、尾矿品位等。同样，对选矿回收率影响最大的还是选矿技术和选矿设备。能源矿产的选矿回收率可以表示为：

$$\text{选矿回收率} = \frac{\text{初选能源矿产资源总量}}{\text{入选能源矿产资源总量}}$$

能源矿产资源的综合利用率也称固体废物利用率，矿山产生的固体废物主要是废石和选矿尾矿。由于固体废物在现有技术水平下一般很难经济回收其有用成分，且回收过程的成本很高而得到的产物价值却很低，再加上运输成本高，所以大多只能在周边市场消化。因此，对固体废物利用率影响最大的首先是回收产品的价值和周边市场容量，其次是资源利用政策和环境政策的约束和管控。此外，在整个过程中还要注意避免二次污染。

能源矿产资源的开采回采率、选矿回收率和综合利用率是衡量能源矿产企业开采效率的重要指标，这“三率”受到资源环境、行业政策、社会经济、生态环境、国内外市场、矿山开采技术等多方面因素的影响。对某个矿山来说，行业市场、宏观政策这些外部因素对矿山“三率”的影响基本相同，基本不能凭借自身力量对其做出改变。对于矿业企业来说，企业会以利润最大化为原则进行自我优化，确定其矿山规模及开采成本，然后通过改变资源条件、选择开采技术等进一步影响“三率”。“三率”直接反映了能源矿产资源开发过程中每个组成部分是否得到充分回收、开发过程中所产生的副产品是否合理利用。

（2）环境污染恢复与治理。

在能源矿产资源的开发利用过程中，会产生一系列有害于自然生态环境的污染物，从而给生态环境造成大规模污染，严重影响能源矿产资源开发效率。通过矿山环境污染恢复治理率我们可以看出，企业的整体投入对矿山环境污染进行恢复治理的程度。环境污染恢复治理率可以表示为：

$$\text{环境污染恢复与治理率} = \frac{\text{恢复治理土地面积}}{\text{损毁土地面积}}$$

（3）员工效率。

提高员工开发效率有助于促进能源矿产资源开发速度，专业的技术人才有助于推动能源矿产资源开发效率的有效提高。

（4）社会经济效益。

企业可以通过提高技术水平来提升能源矿产资源的综合利用水平，进而提高开采效率。也就是说，企业开采技术水平越高，能源矿产资源的综合利用水平就越高，产出的矿量也就越多，在没有增加员工耗费的情况下，提高了企业整体的能源矿产资源开采效率。这一过程可以用人均工业总产值这一指标来衡量，即：

$$\text{人均工业总产值} = \frac{\text{矿区工业总产值}}{\text{矿区工作人数}}$$

还有单位矿量总产值和单位矿量销售收入比这两个指标也能够充分反映能源矿产资源开发效率的社会经济效益，其计算公式为：

$$\text{单位矿量总产值} = \frac{\text{矿区总产值}}{\text{生产矿石量}}$$

$$\text{单位矿量销售收入比} = \frac{\text{矿产品销售收入}}{\text{生产矿石量}}$$

矿产企业的员工效率可以通过人均工业总产值这一指标来反映，而矿产企业的生产能力和利润规模则可以用单位矿量总产值和单位矿量销售收入比这两个指标来反映。

综上所述，本章在调查能源矿产资源开发效率影响因素的基础上，共选取 8 项指标对能源矿产资源开发效率进行综合评价。

5.2.1.2　确定指标权重

确定指标权重对能源矿产资源开发效率的评价具有很大影响。确定指标权重的方法有客观法和主观法：前者通过数学方法确定指标权重，具有客观公正的特点，但很机械，总体来说，专家和学者丰富的实践经验都能从客观法中反映出来；后者主观性太强，虽然结合了专家和学者的实践经验，但缺乏说服力。我们在确定评价指标权重时使用德菲尔法，再利用两级模糊评价模型评价能源矿产资源的开发效率，这样就可以把客观法和主观法两者的优点结合起来。

能源矿产资源开发效率评价指标体系是多层次结构，且各层次之间相互影响，专家按照权重值与指标对能源矿产资源开发效率影响程度大小呈正比的原则，对同一层次指标由上到下打分，同时要保证同一层次的各指标权重之和为 1，专家打分标准如表 5－2 所示。

表 5－2　评价定量分级标准

标度	含义
1	j 两元素同等重要
3	i 元素比 j 元素稍微重要
5	i 元素比 j 元素明显重要
7	i 元素比 j 元素强烈重要
9	i 元素比 j 元素极端重要
2、4、6、8	判断相邻中间情况
倒数	$a_{ij} = \frac{1}{a_{ji}}$

特征根和特征向量可以用和积法近似求解：

首先，归一化处理判断矩阵，得到新的判断矩阵：

$$\overline{a_{ij}} = \frac{a_{ij}}{\sum_{k=1}^{n} \overline{a_{ij}}}(i,j = 1,2,\cdots,n)（n\text{ 为判断矩阵的阶数}）$$

其次，把 $\bar{A}$ 按行相加得到向量 $\bar{U}$ ：

$$\overline{w_i} = \sum_{j=1}^{n} \overline{a_{ij}}(i,j = 1,2\cdots,n)$$

最后，将向量 $\bar{W}$ 进行归一化处理：

$$w_i = \frac{\overline{w_i}}{\sum_{j=1}^{n} W_j}(i,j = 1,2\cdots,n)$$

由此所得到的 $W = (w_1,w_2,\cdots,w_n)^T$ 为所求的特征向量，且有 $\lambda_{max} = \sum_{i=1}^{n} \frac{(AW)_i}{nw_i}$ ，其中 $(AW)_i$ 表示向量 AW 的第 i 个元素。由此，可一次确定子因素集 $U_i = \{u_{i1},u_{i2},\cdots,u_{in}\}$ 中 u_{ij} 对 U_i 的权重 $A_i = (a_{i1},a_{i2},\cdots,a_{in})$ 和主因素集 $U = \{U_1,U_2,\cdots,U_m\}$ 中 U_i 对 U 的权重 $A = \{a_1,a_2,\cdots,a_m\}$ 。

（1）对子因素集 W_i 进行第一级模糊综合评价。

采用德尔菲法，向多位具有丰富经验的专家发放问卷进行调查，令专家评估二级评价指标为 W_{ij} ，确定 W_{ij} 对等级模糊子集 X 的隶属度 $(R | W_i)$ ，我们可以由此得到第一级评价的评价矩阵 R_i ，经过复合运算，得出一级模糊综合评价结果向量 P_i 。

（2）对主因素集 W 的二级模糊综合评价。

将一级评价指标中的每个 W_i 看作一个单独的因素，以上述计算得出的 P_i 作为其单因素评估，构建模糊评价隶属矩阵 $R = (P_i,P_i,\cdots,P_i)^T$，各个因素权重 $A = (a_1,a_2,\cdots,a_n)$ ，则 $P = A \cdot R = (a_1,a_2,\cdots,a_n) \cdot (P_i,P_i,\cdots,P_i)^T = (p_1,p_2,\cdots,p_n)$ ，进行归一化处理后得到二级模糊综合评价结果。此时，可以根据最大隶属原则，确定专家评估的具体能源矿产资源开发效率评价权重，以此为基础评价能源矿产资源开发效率。

5.2.1.3 开发效率等级的评分标准

我们根据现有的行业标准和指标的有关资料，研究每个评价指标对能源矿产资源开发效率的影响效果，建立了能源矿产资源开发效率评价指标的评分标准，见表5－3。在能源矿产资源开发效率评价指标与评分标准对比中可以看出，能源矿产资源的人均工业总产值、技术人员比和单位矿量销售收入等指标并不达标，为此需对其进行归一化处理：用指标的最大值除以该指标值，最大值表示该行业的最高水平。

表5－3 能源矿产资源开发效率评价指标的评分标准

目标层	一级指标	二级指标	高	较高	一般	低
W	W_1	W_{11}	≥94%	85%～94%	80%～85%	<80%
		W_{12}	≥70%	65%～70%	60%～65%	<60%
		W_{13}	≥65%	55%～65%	45%～55%	<45%
	W_2	W_{21}	≥50%	30%～50%	10%～30%	<10%
	W_3	W_{31}	≥0.8	0.6～0.8	0.4～0.6	<0.4
		W_{32}	≥0.8	0.6～0.8	0.4～0.6	<0.4
	W_4	W_{41}	≥0.8	0.6～0.8	0.4～0.6	<0.4
		W_{42}	≥0.8	0.6～0.8	0.4～0.6	<0.4

5.2.1.4 构建能源矿产资源开发效率模糊综合评价模型

能源矿产资源开发效率模糊综合评价的影响因素繁多，而且各个影响因素之间也存在着千丝万缕的联系。我们可以将影响能源矿产资源开发效率的因素分为开发利用水平、环境污染回复与治理、员工效率、社会经济效益等4项一级评价指标，然而每个一级指标又分别包括多项二级指标，所以我们需要建立两级模糊综合评价模型，并使用该模型对能源矿产资源开发效率进行综合评价，具体步骤如下：

（1）确定能源矿产资源开发效率评价结果等级 V。

我们将能源矿产资源开发效率的评价结果分为4个级别，即低、一般、较高、高，所以，可以将评价结果的集合表示为：$V = \{v_1, v_2, v_3, v_4\} =$

{低，一般，较高，高}。

（2）确定能源矿产资源开发效率评价因素 W。

我们将能源矿产资源开发利用水平、环境污染恢复与治理、员工效率与社会经济效益等 4 项评价指标分别设成 W_1 、W_2 、W_3 、W_4 ，使它们满足：$W = \bigcup_{I=1}^{4} W_i , W_i \cap W_j = \phi$ ，$i \neq j$。

每个一级指标 W_i（i = 1，2，3，4）又分别由多个二级指标构成：

$$W_1 = \{ w_{11} , w_{12} \cdots , w_{1n_1} \}$$

$$W_2 = \{ w_{21} , w_{22} \cdots , w_{2n_1} \}$$

$$W_3 = \{ w_{31} , w_{32} \cdots , w_{3n_1} \}$$

$$W_4 = \{ w_{41} , w_{42} \cdots , w_{4n_1} \}$$

（3）确定指标权重。

要想确定指标权重，就要计算一级指标层相对于总目标层的权重 u_B 和二级指标相对于一级指标的权重 u_C ：

$$u_B = (u_1 , u_2 , u_3 , u_4)$$

$$u_C = (u_{C1} , u_{C2} , u_{C3} , u_{C4})$$

$$u_{C_i} = (u_{C_i 1} , u_{C_i 2} , \cdots , u_{C_i n}) ，\ i = 1，2，3，4$$

（4）建立隶属度矩阵 R。

（5）能源矿产资源开发效率综合评价分级。

将能源矿产资源开发效率综合评价分成两级：第一级是准则层对目标层的评价；第二级是二级指标层对准则层的评价。我们对第二级的模糊评价如下：

$$B_i = W_{C_i} \cdot R_i ，\ i = 1，2，3，4$$

准则层对目标层的模糊评价为：

$$T = \mathrm{B} \cdot w_B = (t_1 , t_2 , t_3 , t_4)$$

先归一化处理 T，再利用最大隶属度原则为能源矿产资源的开发效率定级。

（6）综合分析确定能源矿产资源开发效率综合评价得分 F。

我们可以根据已确定的能源矿产资源开发效率级别，结合模糊评价的结果 t 进行综合全面的考虑，可以得出最终综合评价得分 F：

$$F = 90\,t_1 + 70\,t_2 + 50t_3 + 30\,t_4$$

根据评分总得分分级标准（高：总得分≥70；较高：60≤总得分<70；一般：50≤总得分<60；低：总得分<50）给出了各评价对象的开发效率评价结果。

能源矿产资源开发效率模糊综合评价烦琐，而且涉及的指标很多。本节通过对能源矿产资源开发效率影响指标的综合考察，建立了能源矿产资源开发效率评价指标体系，再针对能源矿产资源开发效率综合评价体系的各项指标对开发效率进行评价，评价结果能较为准确地反映能源矿产资源开发利用效率。

首先，由于能源矿产资源种类繁多且影响其开发效率的因素复杂，因此要想建立完整科学的能源矿产资源开发效率评价指标体系还需要进行多方面的深入研究；其次，在选择评价指标并对指标的影响程度进行计算时会受到研究者的主观因素影响，怎样减弱主观因素的影响，使评价结果更客观、科学，是后期研究要多加注意的。

5.2.2 DEA 法

DEA 法是以知名学者查理斯·库珀为首提出来的，它以数学为工具去评价经济系统前沿面的有效性。DEA 法的第一个模型为C^2R 模型，这个模型是研究多输入和多输出的“生产部门”同时为“规模有效”与“技术有效”的最理想、有效的方法①。在社会生产活动中，人们总会有这样的疑问：当我们对相同类型的部门或单位进行评价时，是根据决策单元的“输入”数据进行评价还是根据“输出”数据进行评价？输入数据是指决策单元在某种活动中需要消耗的某些量，如投入的资金总额、劳动力总数、占地面积等；输出数据是决策单元经过一定的输入

① 丁子信．中国能源矿产开发利用的经济学分析[D]．中央民族大学，2007.

之后，产生的表明该活动成效的某些信息量，如不同类型的产品数量、产品的质量、经济效益等。[①] 根据输入数据和输出数据来评价决策单元的优劣，即所谓评价部门（单位）间的相对有效性。DEA 法可以看作是一种统计分析的新方法，它根据一组关于输入—输出的观察值来估计有效生产前沿面。在经济学和计量经济学中，估计有效生产前沿面时，通常使用统计回归及其他一些统计方法，但这些方法估计出的生产函数并没有表现出实际的前沿面，实际上是非有效的。因为这种估计是将有效决策单元与非有效决策单元混为一谈而得出来的，在有效性的评价方面，除 DEA 方法外的其他方法都仅限于单输出的情况。

当我们处理多输入和多输出的相关问题时，使用 DEA 法是十分恰当的，优于其他方法。我们可以使用 DEA 方法确定决策单元是否有效，最终获得有助于决策的信息。DEA 模型还可以用于政策评价，它不用计算每项服务的标准成本，因为它可以将多个投入指标和多个产出指标转化为开发效率的分子和分母，而不必转换为同一种货币单位。所以，用 DEA 衡量开发效率可以清楚地解释投入和产出的关系，比一套经营比率或利润指标更加全面和可信。DEA 方法是一个线形规划模型，可以表示为投入和产出的比率，它试图通过将某一特定单位的效率与提供同一服务的一组类似单位的绩效进行比较，从而最大限度地提高服务单位的效率。在这个过程里，达到 100% 效率的单位被称为相对有效的单位，未达到 100% 效率的单位则被称为无效的单位。这样，研究者就能使用 DEA 法来比较一组服务单位，识别相对无效的单位，衡量无效单位的严重性，并通过对无效单位和有效单位进行对比，发现降低无效的方法。基于“相对效率”的概念和规划理论，DEA 方法根据各投入产出的观测值，得到各 DMU 指标的数值。它的核心思想是通过数学分析，判断各个决策单元之间是 DEA 有效还是非 DEA 有效，最终合理评估评价对象。

① 丁子信．中国能源矿产开发利用的经济学分析[D]．中央民族大学，2007.

5.2.2.1 DEA 法的优势

DEA 方法最为突出的优点是可以用其评价多个决策单元的相对有效性，特别适合研究具有多项投入和产出的决策单元的效率，主要体现在：

（1）DEA 法将决策单元各输入输出的权重设为变量，并从最有利于决策单元的角度进行评价，从而避免了指标在优先级意义上的权重。

（2）假定每个输入都和一个或多个输出相关联，而且输入输出之间确实存在一种关联，使用 DEA 方法则不必明确这种关系。

（3）能够直接指明被评价结构和最佳结构之间的差距，找到提高效率的最佳办法。

5.2.2.2 构建能源矿产资源开发效率 DEA 法评价指标体系

表 5－4 能源矿产资源开发效率 DEA 法评价指标体系

目标	一级评价指标	二级评价指标
能源矿产资源开发效率评价指标 A	开发效果 B_1	采收速度 C_{11}
		最终采收率 C_{12}
	开发效果 B_2	利润总额 C_{21}
	开发效果 B_3	钻井费用 C_{31}
		测试费 C_{32}
		采收费用 C_{33}
		管输费 C_{34}

5.2.2.3 能源矿产资源开发效率 DEA 模型的构建

C^2R 模型是 DEA 第一个经典模型，设有 n 个决策单元 DMU_i（$i=1$，2，…，n），每个决策单元都有 m 种投入和 s 种产出。用 X_{ij} 表示决策单元的第 j 种投入量，y_{ik} 表示第 k 种产出量，则决策单元的投入产出分别为 $X_i=(x_{i1},x_{i2},\cdots,x_{in})^T,i=1,2,\cdots,n;Y_i=(y_{i1},y_{i2},\cdots,y_{ik})^T$，$i=1$，2，…，$n$，投入、产出的权系数分别为 $U=(u_1,u_2,\cdots,u_s)^T$，$V=(v_1,v_2,\cdots,v_m)^T$，对于第 i 个 DMU_i 的评价指数为 $h_i=\dfrac{U^T Y_i}{V^T X_i}=\dfrac{\sum_{k=1}^{s} u_k y_{ik}}{\sum_{j=1}^{m} v_j x_{ij}}$，$i=1$，2，…，n，

通过适当地选取权系数 U 和 V，使其满足 $h_i \leqslant 1$，进一步引入松弛变量 s^- 和剩余变量 s^+，得到C^2R 模型：

$$\begin{cases} \text{Min}z = \theta \\ \sum_{i=1}^{n} \lambda_j X_j \leqslant \theta X_0, i = 1, 2, \cdots, m \\ \sum_{r=1}^{n} \lambda_j X_j \geqslant Y_0, r = 1, 2, \cdots, S \\ \lambda_j \geqslant 0, j = 1,2,\cdots,n \end{cases}$$

该模型是用来评价综合技术规模效率的，设其最优解为：$\theta^*, \lambda_j^*, S^{*+}, S^{*-}$。若 C^2R 模型的有效性值 $\theta^* = 1, S^{*+} \neq 0$ 或 $S^{*-} \neq 0$，则说明被评价决策单元 j_0 为 DEA 弱有效；若 $\theta^* = 1, S^{*+} = 0$ 或 $S^{*-} = 0$，则说明被评价单元 j_0 为 DEA 有效，即综合技术规模效率有效；若 $\theta^* < 1$，则说明被评价决策单元 j_0 非 DEA 有效，即综合技术规模效率无效。①

在C^2R 模型之下为 DEA 有效的决策单元，既是“技术有效”又是“规模有效”。

DEA 方法很实用且十分客观科学，是评价能源矿产资源开发效率极为有效的方法。

5.3　基于 DEA 法的能源矿产资源开发效率案例分析

5.3.1　我国石油资源开发现状

我国石油资源主要储藏在渤海湾、鄂尔多斯、柴达木等 8 个区域，储藏量约占全国石油储量的 81%，可开采价值高。从石油资源深度分布来看，我国 80% 的石油资源都集中分布在浅层和中深层，而深层和超深层却很少；从环境分布看来，我国石油资源主要分布在平原、浅

① 黎江峰．中国战略性能源矿产资源安全评估与调控研究[D]．中国地质大学，2018.

海、戈壁和沙漠；从资源品位来看，我国石油资源中优质资源占63%，低渗透资源占28%，重油占9%。再来看天然气，我国的天然气资源主要分布在鄂尔多斯、柴达木、琼东南等9大区域，储量约占全国的84%，从资源深度分布来看，天然气资源主要分布在浅层、中深层、深层和超深层；从环境分布来看，天然气资源有74%分布在浅海、沙漠、山地、平原和戈壁；从资源品位来看，天然气资源中优质资源占76%，低渗透资源占24%。中国的东海和南海是我国油气资源最为丰富的海域，但也因此成为很多国家关注的目标，所以对东海、南海油气资源的开发越来越紧迫。

我国能源矿产资源供应紧张，但需求却在不断增长，供给与需求两者间的矛盾开始凸显出来。为了不断适应我国的经济发展需求，提高矿产资源质量，增加效益，必须保证开源与节流双管齐下，以有效减缓石油资源的开发压力。我国是一个石油储备大国，石油行业发展前景良好，但是由于我国油气资源贫乏，因此必须高效开发，这是从全局考虑的战略行为。与此同时，我们要认真对待石油开发过程中的安全问题，以保证石油开采行业的可持续发展。目前在我国经济持续增长的情势下，仍存在很多不利于石油开发的因素，石油开采机制十分不健全。建立综合应对体系后，有可能会化解消极因素，保障经济发展的需求，具体对策如下：①优化油气能源消耗结构，节约石油能源；②高效率勘探开采油气能源，节约成本；③建立完善的油气能源开发体系。继续深化油气开采体制改革，促进公司转型，形成一批实力强、实践经验多的石油开采公司集群。值得强调的是，在重视石油开发效率的同时，还应重视天然气安全和储备，而目前后者安全保障极为脆弱。

开采石油资源之前，要对每一个油区进行勘查、研究开采的可行性，对油区的开采、灌输进行合理规划。国家对石油资源的需求量很大，但老油藏的品质在不断下降，含水率上升，而新油藏的储量不仅少，而且质量也不高，石油的开采难度越来越大，这些因素导致开采成本增加。油田开发一定要少投入、多产出，减少成本，提高开采效率，最终实现利润最大化。

5.3.2　石油资源开发效率相关因素分析

5.3.2.1　内部因素

（1）油藏结构。储层内部结构的复杂性会影响石油资源的开发成本，内部结构越复杂的油田，勘探的难度就越大，对技术要求也越高，需要大规模的投入，从而使开发成本也会提高。①

（2）油藏储量。油藏储量决定油田的产量，油藏产量和质量会影响采油速度，采油速度越快，成本越低，开采效率就越高。

（3）油层的性质。油层既包含物理性质又包含化学性质。其物理性质主要是指储层的孔隙度、渗透率和含油饱和度；而化学性质是指岩石及其胶结物的化学性质。这些因素的影响主要表现在原油开采的难度和开发方式上。②

（4）油藏深度。油藏越深钻井越深，钻井成本就越高，既增加了成本支出，又降低了开采效率；反之，若油藏处于浅层，钻井成本就会降低，开采效率会随之提高。

（5）原油的性质。原油的物理性质包括原油比重和原油黏度，它们共同控制了原油的质量，原油质量越高则价格越高，反之亦然。原油的化学性质是指原油的腐蚀性，它会腐蚀开采、运输设备，甚至致其损坏，因此这些设备需要定期保养，维护成本就会随之增加，原油的价格自然也会升高。

5.3.2.2　开采条件

开采条件包括油田企业开采使用的基础设备的配套程度和开采、测试、管输等外部发展环境。

---

①　陈丽萍．中国能源矿产可持续问题研究框架[J]．国土资源情报，2005(4)：12－17.

②　孔凡玲，郭传东．中国新能源上市公司竞争力评价[J]．经济师，2013(4)：109－110.

5.3.2.3 经济效益

在石油开采过程中，资源因素、技术因素、经济因素都会影响石油资源开采的经济效益。一些国家政策、行业环境对其也有很大的影响，如通过影响石油生产的投入和产出，从而增加或减少石油开采的投资效益，最终都会体现在石油资源的开发效率上。

（1）原油的价格。石油资源开发的经济效益主要体现在油价上，若成本不变，油价越高，经济效益越好。

（2）国内外环境。国内外环境主要包括油价、银行利率和税费等。

（3）运营成本。当油价稳定，国家税收政策没有变化时，最能影响油田收益的因素就是运营成本，吨油的运营成本越低，石油资源开发的经济效益越好。

（4）技术进步。技术进步可以降低开采成本，增加投资收益，提高原油产量。

石油开发是一项规模巨大的工程，需要决策者投入大量的资金，根据高投入高风险的原则，其风险也随之增大，再加上石油开采的过程漫长，决策者为了获取最大的利润，必需树立节约成本的观念和意识，全面盯紧各项投资，避免低效甚至是无效的投资，在实现利润最大化的同时，提高石油资源的开发效率。

5.3.3 构建石油资源开发效率评价指标体系

石油资源的开采目的主要包括：①加快采油速度；②保持石油资源产量的稳定；③尽可能提高开采效率，增加投资回报。通过对石油资源开发效率影响因素的分析，我们可以看出开采效率、投资回报和成本支出三个方面对石油资源开发效率的影响很大，其中，投资回报是决策者最为关注的焦点。我们可以用利润总额来衡量石油开采效果；用钻井费、测试费、采油费和管输费计算成本支出，最终建立起石油资源开发效率评价指标体系，见表5－5。

表 5-5　石油资源开发效率评价指标体系

目标	一级评价指标	二级评价指标
石油资源开发效率评价指标 A	开发效果 B_1	采油速度 C_{11}
		最终采收率 C_{12}
	开发效果 B_2	利润总额 C_{21}
	开发效果 B_3	钻井费用 C_{31}
		测试费 C_{32}
		采油费用 C_{33}
		管输费 C_{34}

5.3.4　石油资源开发效率评价模型原始数据的收集

我们可以把石油资源开发效率的评价指标分解为输入指标和输出指标，作为评价 DMU 是否有效的标准。输入指标由影响 DMU 生产行为的指标构成，输出指标由影响 DMU 形成的产物和利益的指标构成。输入指标越小，说明投入越少，成本越低；输出指标越大，说明产出越多，收益越高。

根据目标导向性、科学性、可比性等原则，我们可以确定能源矿产资源开发效率模型的输入指标为钻井费、测试费、采油费和管输费，确定输出指标为利润总额、采油速度和最终采收率。

开采石油的过程包括寻找油藏、钻井、测试、采油和管输，所以会产生相应的钻井费、测试费、采油费和管输费，我们可以把油田作为评价对象，将其设为 n 个决策单元，记为DUM_n。

本章节将以中国石油的 7 个油田为研究案例，收集 7 家油田开发效率的相关原始数据，对其投入产出量进行整理，如表 5-6 所示。

表 5-6　能源矿产资源开发效率评价模型原始数据

油田	输入指标				输出指标		
	钻井费（亿元）	测试费（亿元）	采油费（亿元）	管输费（亿元）	利润总额（亿元）	采油速度（%）	最终采收率（%）
1	270.2	17.3	151.0	13.5	155.1	2.6	47.6

续表

油田	输入指标				输出指标		
	钻井费（亿元）	测试费（亿元）	采油费（亿元）	管输费（亿元）	利润总额（亿元）	采油速度（%）	最终采收率（%）
2	248.3	16.6	127.6	12.4	31.3	2.6	43.3
3	85.7	5.9	44.5	4.3	3.5	2.2	39.7
4	128.2	7.3	73.5	6.4	16.7	2.3	38.7
5	119.2	10.0	53.3	7.0	10.3	2.1	29.9
6	24.5	5.2	10.1	1.2	2.6	2.1	33.1
7	49.7	1.9	19.8	2.5	0.8	2.0	36.7

5.3.5 石油资源开发效率评价模型的原始数据评价

根据评价模型的原始数据，我们建立C^2R模型如下：

$$
\begin{cases}
\text{Min} = \theta \\
270.2\lambda_1 + 248.3\lambda_2 + 85.7\lambda_3 + 128.2\lambda_4 + 110.2\lambda_5 + 24.5\lambda_6 + 49.7\lambda_7 + s_1^- = 270.2\theta \\
248.3\lambda_1 + 16.6\lambda_2 + 5.90\lambda_3 + 7.3\lambda_4 + 10.0\lambda_5 + 5.2\lambda_6 + 1.9\lambda_7 + s_2^- = 17.3\theta \\
151.0\lambda_1 + 127.6\lambda_2 + 44.5\lambda_3 + 73.5\lambda_4 + 53.3\lambda_5 + 10.1\lambda_6 + 19.8\lambda_7 + s_3^- = 151.0\theta \\
13.5\lambda_1 + 12.4\lambda_2 + 4.3\lambda_3 + 6.4\lambda_4 + 7.0\lambda_5 + 1.2\lambda_6 + 2.5\lambda_7 + s_4^- = 13.5\theta \\
155.1\lambda_1 + 31.3\lambda_2 + 3.5\lambda_3 + 16.7\lambda_4 + 10.3\lambda_5 + 2.6\lambda_6 + 0.8\lambda_7 - s_5^+ = 155.1 \\
2.6\lambda_1 + 2.6\lambda_2 + 2.2\lambda_3 + 2.3\lambda_4 + 2.1\lambda_5 + 2.1\lambda_6 + 2.0\lambda_7 - s_6^+ = 2.6 \\
47.6\lambda_1 + 43.3\lambda_2 + 39.7\lambda_3 + 38.7\lambda_4 + 29.9\lambda_5 + 33.1\lambda_6 + 36.7\lambda_7 + s_7^+ = 47.6 \\
\lambda_i \geqslant 0,\ i = 1,\ 2,\ 3,\ 4
\end{cases}
$$

式中，s_1^-——钻井费；s_2^-——测试费；s_3^-——采油费；s_4^-——管输费；s_5^+——利润总额；s_6^+——采油速度；s_7^+——最终采收率。

通过专业软件计算上述数据，我们能够得到7个油田的评价结果（见表5-7）。

表 5 –7　中国石油下属油田开发效率评价结果

决策单元	有效性分析		松弛变量与剩余变量结果							规模收益性
	相对有效值	相对有效性	s_1^-	s_2^-	s_3^-	s_4^-	s_5^+	s_6^+	s_7^+	
1	1	DEA 有效	0	0	0	0	0	0	0	不变
2	0.38	非 DEA 有效	0.06	0	2.44	0	0	0	1.70	递减
3	0.58	非 DEA 有效	0.06	0	5.32	0	0	0.04	0	递减
4	0.58	非 DEA 有效	0.07	0	8.54	0	0	0	2.87	递减
5	0.43	非 DEA 有效	0.30	0	0	0.44	0	0	5.61	递增
6	1	DEA 有效	0	0	0	0	0	0	0	不变
7	1	DEA 有效	0	0	0	0	0	0	0	不变

5.3.6　石油资源开发效率评价结果分析

通过分析表 5 –7 的评价结果可以得出如下结论：

（1）油田 1、油田 6 和油田 7 为 DEA 有效，这 3 个油田的开发效率很不错。

（2）油田 2、油田 3、油田 4 和油田 5 为非 DEA 有效，这 4 个油田的投入和产出情况并不理想，有待调整。

我们还可以看出，这 7 个油田中有 3 个油田的相对有效性既达到了技术有效，又达到了规模有效，其中，油田 5 的规模效益正在逐渐增加，这意味着可以继续增加投入，扩大生产规模，加快开采速度，保持规模优势。另外两家的规模效益逐渐减少，不能完全利用自身的规模优势，在很大程度上是由于规模太大，管理全局越来越困难，这要引起决策者的关注。还有一种可能是企业的开发技术水平差，能源矿产开发效率低，因此要找出开发技术到底差在哪里，抓紧完善，提高效率。

计算非 DEA 有效评价对象在 DEA 相对有效平面上的投影，计算结果见表 5 –8、表 5 –9，计算公式如下：

$$X_0^* = \theta^* X_0 - S^{*-}$$

$$Y_0^* = Y + X_0 + S^{*+}, \ j = 1, 2, \cdots, n$$

$$\Delta X_0 = X_0 - X_0^* = (1 - \theta^*) X_0 + S^{*-}$$

$$\Delta Y + X_0 = Y_0^* - Y + X_0 = S^{*-}$$

表 5 －8　非 DEA 有效评价对象在相对有效面上的投影

投影		油田 2	油田 3	油田 4	油田 5
输入	钻井费（亿元）	94.30	49.75	73.75	50.61
	测试费（亿元）	6.30	3.42	4.21	4.26
	采油费（亿元）	46.06	20.51	33.81	22.77
	管输费（亿元）	4.72	2.49	3.69	2.53
输出	利润总额（亿元）	31.30	3.5	16.7	10.30
	采油速度（%）	2.55	2.24	2.3	2.07
	最终采收率（%）	45.00	39.70	41.57	35.51

表 5 －9　非 DEA 有效评价的输入剩余和输出亏空

项目		油田 2	油田 3	油田 4	油田 5
输入剩余	钻井费（亿元）	154.01	35.98	54.41	68.63
	测试费（亿元）	10.28	2.47	3.10	5.71
	采油费（亿元）	81.57	23.96	39.71	30.55
	管输费（亿元）	7.70	1.80	2.72	4.43
输出亏空	利润总额（亿元）	0	0	0	0
	采油速度（%）	0	0.038	0	0
	最终采收率（%）	1.69	0	2.87	5.61

油田 5 非 DEA 有效是因为采油费、钻井费用很高，我们可以尽量在保持产出量恒定的基础上，适当减少投入量。

非 DEA 有效的油田在生产前沿面上的投影是 DEA 有效，所以，我们能调整非 DEA 有效油田的输入值和输出值，使非 DEA 有效的油田转变为 DEA 有效。以油田 5 为例，为了使其达到 DEA 有效，保持产出量恒定，应适当减少其投入量：减少钻井费 68.63 亿元，减少测试费 5.71 亿元，减少采油费 30.55 亿元，减少管输费 4.43 亿元，利润总额和采油速度没有变动，最终采收率尽可能提高到 35.51%。把 DEA 无效转化为非 DEA 有效，给整个油田开采过程中的管理者提供了改进管理和技术的方向。

石油资源开发效率是石油企业高效开采石油能源的重要指标，既有非常重要的理论价值，还对相应的实践有所帮助。经过全面分析石油资源开发流程，我们建立了完整的石油资源开发效率评价体系，能充分反映开采效应、经营效率和投资成本等因素。案例研究的结果表明，我们建立的 DEA 模型符合要求，方法科学，通俗易懂，实用性强，为石油资源开发效率的评价工作提供了重要的参考。

5.4　本章小结

我国关于能源矿产资源开发效率的研究还存在很多方面的阻碍，现在的研究只考虑了能源矿产资源利用率，而忽视了能源矿产资源的开采方式对开发效率的巨大影响。为了体现评价结果的科学严谨性，我们可以根据能源矿产资源的开采方式进一步细化。与此同时，能源矿产资源开发效率评价还要考虑到开发效率评价指标相对于设计指标的比值，由于成本限制，有些能源矿产资源开发企业的开采率较低，并不是因为企业管理不善、技术落后，因此，怎样对这类企业做出评价有待研究者进一步研究。为提高能源矿产资源开发利用效率以及保障能源矿产行业经济的健康发展，结合本次评价结果，本章提出以下四点建议：

第一，加强能源矿产资源勘查与开发的管理。虽然我国能源矿产资源丰富，优势明显，但是仍要加强能源矿产资源勘查质量管理，完善勘察设计核查备案制度、加紧矿产开发质量监督、矿产储量评审备案制度、矿床工业指标核查制度以及改进能源矿产资源开发利用监督管理制度建设，这对能源资源的合理开发利用有很大益处。

第二，加强宣传教育，提高合理利用能源矿产资源的意识。① 虽然

① 孙晓猛，郝福江．中国能源矿产态势与可持续开发利用对策[J]．资源开发与市场，2002，18(5)：20－23.

能源矿产资源总量较为丰富，但是能源产资源开发效率不高的劣势也比较明显，因此，要清醒地认识到我国当前能源矿产资源面临的严峻形势。要树立能源矿产资源经济效益观念、生态环保观念以及可持续性利用观念，将提高能源矿产资源利用效率变为全民理念。

第三，加强监管矿山整体开发情况。建立并完善由矿产资源“三率”水平、资源条件、矿业政策、矿业经济、自然环境等指标组成的能源矿产资源开发效率评价指标体系，保证能源矿产资源开发的统计数据真实完整，及时了解和发布重点企业、重点矿山以及重点矿种的开发现状，积极改进并规范分析方法，对相关企业的开发方案执行情况进行严格地年度检查，确保方案的可行性，特别是要加强对开发利用“三率”指标的监督管理。

第四，依靠科技进步提高能源矿产资源开发的效率。根据本次评价结果可知，我国能源矿产资源开发效率不高，因此要在现有科技水平的基础上，培养技术人才，继续研究开发更加先进和严谨的开发技术，提高开发效率。

第五，目前针对能源矿产资源开发效率评价的大多数研究都是定性分析，只有少数研究是定量分析，这主要是因为关于能源矿产资源开发效率的评价涉及多重领域，收集和统计数据的难度大，对数据综合分析的难度较高。但随着研究的不断深入，对能源矿产资源开发效率的评价最终一定能够达到符合更高要求的定量评价标准，进一步提高结果的精确度。正确、客观、全面地评估我国能源矿产资源开发效率，通过调查了解我国能源矿产资源开发效率现阶段情况及影响高效利用存在的问题，有助于我们制定和完善能源矿产资源开发方面的方针、政策和规划，发挥最大的资源效益，提高资源保障能力，更好地满足我国经济社会发展的需要。目前，我国对能源矿产资源开发效率的相关研究还很浅薄，有待进一步深入。

第6章
能源矿产资源利用效率实证研究

6.1 我国能源矿产资源消耗现状分析

我们的生产生活离不开能源矿产资源的支撑。虽然我国能源矿产资源总量较多，但由于我国人口基数大，能源矿产资源的人均占有率处于较低水平，再加上我国部分地区能源矿产资源的开发存在很大困难，能源矿产资源在各个地区的分布处于不均衡的状态，在一定程度上制约了我国的经济发展。同时，我们在使用能源矿产资源的过程中，环境污染也随之而来，环境质量不断下降。

在我国的能源矿产资源消费结构中，煤炭的消费量一直占据绝对主导地位。我国是煤炭消费大国，多年来煤炭消费总量远高于世界其他国家，占世界煤炭消费总量50%以上。由于煤炭消费一直占主导地位，我国至今还未真正形成多种能源共同发展的能源消费结构，在我国能源矿产资源消费结构中石油和天热气所占比例依旧较低。

改革开放以来，我国能源矿产资源消费总量随着经济增长而不断增加，但在享受经济发展成果的同时，却忽略了能源矿产资源的利用效率与经济发展的质量问题。自1992年以来，我国能源生产总量一直低于能源消费总量，导致能源供需失衡，对国外能源的依赖程度越来越大。

随着中国城市化进程和工业化进程的不断推进，我国能源矿产资源的消费总量逐渐增加，能源供需缺口持续扩大，成为阻碍中国经济发展的瓶颈。这种粗放式的经济发展还会带来严重的资源问题，大量资源被低效利用，不仅形成了巨大浪费，而且也使环境遭到污染和破坏。

6.1.1 我国能源矿产资源消耗总量及构成

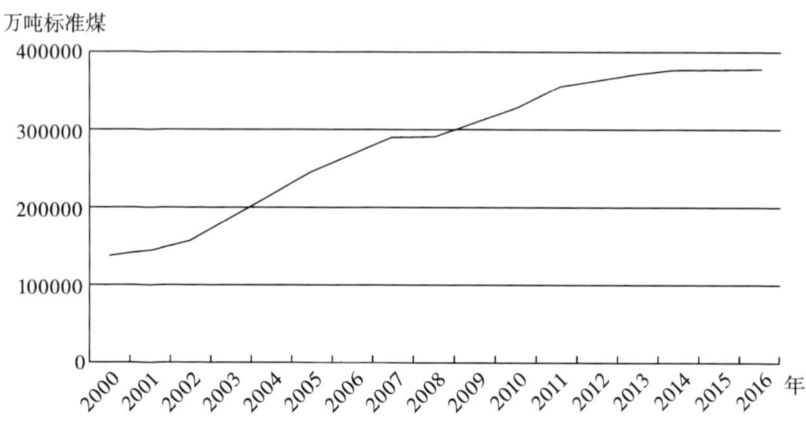

图 6－1 中国能源矿产资源消费总量

表 6－1 中国能源矿产资源消费总量增速 （%）

年份	能源矿产资源消费总量增速	年份	能源矿产资源消费总量增速
2001	4.58	2009	4.72
2002	9.26	2010	6.24
2003	17.23	2011	8.50
2004	16.59	2012	2.43
2005	13.75	2013	3.10
2006	9.60	2014	0.88
2007	8.60	2015	0.05
2008	1.94	2016	0.03

资料来源：根据中国统计年鉴数据计算得出。

通过观察图 6－1 和表 6－1 可知，2000—2016 年我国能源矿产的消费总量在不断上升。2000—2007 年的增长速度很快，达到 114.46%。

2007—2016 年的能源矿产资源消费总量增速放缓，但能源矿产资源的消费总量仍在上升。2014—2016 年能源矿产资源消费总量增长幅度较小。2000—2016 年能源矿产资源消费量的总增长速度达到 177.50%。

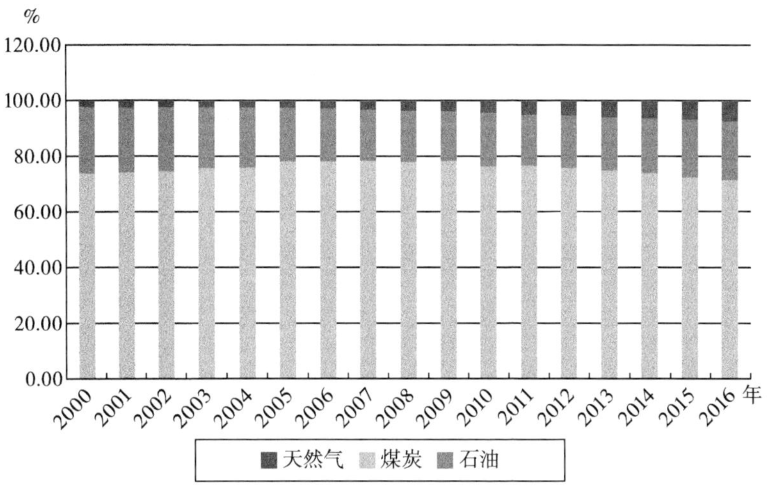

图 6－2　中国能源矿产资源消费量构成

我国应用最广的能源矿产资源主要是煤炭、石油和天然气，因此，本研究主要针对这三类能源矿产资源消费进行分析。我国煤炭消费总量高于世界其他国家，占据着世界上 50% 以上的煤炭消费量，是世界煤炭消费的巨头。煤炭在我国能源矿产资源消费总量中占绝对优势。由图 6－2 可知，在中国能源矿产消费量构成中，煤炭是主要的能源矿产资源，2000—2016 年煤炭消费量占各类能源矿产资源的比重一直高达 70% 以上，2006—2009 年煤炭消费量的占比甚至接近 80%。石油也是我国重要的能源矿产资源，消费量占比一直稳定在 20% 左右。天然气占总能源消费量的比重逐渐增加，从 2000 年的 2.37% 增长到 2016 年的 7.38%，在我国能源中有着越来越重要的地位。随着石油和天然气消费量的增加，煤炭的消费量在中国能源矿产资源消费总量中的占比有所下降，但煤炭仍是我国能源矿产资源消费量最大的能源，中国依旧是少有的以煤炭为主要能源的国家之一。

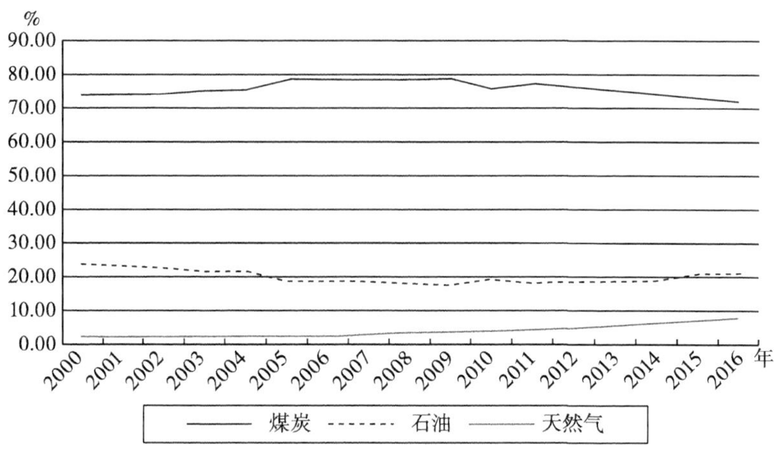

图 6-3 中国各类能源矿产资源消费占比走势

2000—2016 年在中国能源矿产资源消费结构中煤炭一直占据着主导地位，并且在未来很长一段时期内仍是我国主要的能源矿产资源。改革开放之初，由于国家发展的需要，我国大量使用煤炭来推动经济的发展，煤炭的消费量持续增长；之后，中国对能源结构进行调整并大力维持中国能源供需的相对平衡，此时煤炭的消费量占能源消费总量的比重出现一定程度的下降；21 世纪之后，中国经济高速发展，对能源矿产资源的需求进一步加大，但是受国际石油价格不断增长等多方面因素的影响，中国对自身能源的需求变大，导致煤炭消费量在能源矿产资源消费总量中的占比一直维持在 75% 左右；2010 年后，中国加大能源消费结构调整力度，煤炭消费量所占比重有所下降，至 2016 年，煤炭在中国能源消费结构中的比重维持 71.51% 左右。

与煤炭相比，石油和天然气占能源矿产资源的比重呈现持续增长的趋势。通过对所收集的数据进行分析可知，虽然中国的石油消费总量持续增长，但是石油消费量的增长速度却一直低于能源消费总量的增长速度。通过对 2000—2016 年的能源矿产资源消费量分析可知，能源矿产资源消费总量以年均 3.93% 的速度增长，而石油的消费量则以低于能源矿产资源消费总量 3.42% 的速度增长。随着中国的煤炭供给量受限，且国家大力发展对外石油贸易，石油消费量在能源矿产资源消费量中的比重有所上升，在2000年达到23.73%；随后，由于中国对新能源和可再生能源需求的增加，以及国际石油价格持续上涨，石油在能源消费结构中的比例有所下降，2009年占比仅为17.92%，2016年占总能源矿产资源消费总量的21.11%。

伴随中国能源消费结构的不断改善，虽然煤炭消费总量在不断上升，但煤炭消费量占能源矿产资源消费总量的比重有了一定程度的下降，天然气等清洁能源比重不断上升。如图6－2所示，2016年，煤炭消费总量占能源矿产资源消费总量的比重较上年下降0.96%，较2000年则下降2.38%。中国煤炭产量连续多年居世界第一位，2017年为34.5亿吨，较上年增长3.2%，消费量为38.0亿吨，增长0.4%。石油消费量从2000年的32332.08万吨标准煤增至2016年的79788万吨标准煤，在能源矿产消费总量中的占比从2000年至2009年有所下降，但2009年至2016年则处于上升阶段。2017年，石油产量居世界第七位，为1.92亿吨，下降4.0%，消费量为5.96亿吨，增长5.2%。进入21世纪以来，由于中国重视新能源的利用，天然气等清洁能源的消费量大幅度增加，从2000年的3233.21万吨标准煤增至2016年的27904万吨标准煤。天然气在能源矿产消费总量中的比重也在不断上升，从2000年的2.37%增至2016年的7.38%。2017年，天然气产量居世界第六位，为1474.2亿立方米，增长8.5%，消费量为2404.4亿立方米，增长14.8%。总体来看，中国的能源消费结构随着经济的高速发展和对外开放程度加大而不断变化。煤炭消费比重在逐渐减少，而石油、天然气消费量比重却在不断上升。目前，中国仍是以煤炭为主要能源矿产资源的国家。但是大量地消费煤炭将会严重破坏国家的生态环境，因此减少煤炭的使用，发展多元化的能源消费结构，有利于促进节能减排，实现经济的可持续绿色发展。

6.1.2 能源矿产资源消耗的国际比较

2012 年，美国政府进行了页岩气开发，在增加页岩层中的天然气在能源结构中的比重的情况下，美国二氧化碳的排放量降到了二十年来最低值，这不仅降低了美国的环境治理成本，而且也提升了美国在国际气候谈判中的地位，世界各国开始规划本国的低碳发展路线。中国作为一个崛起的发展中国家，正处于工业化和城市化快速发展的阶段，短时期内能源的消费量依旧会不断上升，高能耗的产业结构很难改善。中国的能源消费结构中煤炭所占比重最大，煤炭的消费量占世界煤炭消费总量的 50%，而天然气和石油的消费量则相对较少。煤炭消费过多带来的二氧化碳和环境污染等不良影响，使中国在做出减排目标的承诺下压力倍增，在国际谈判中不得不做出相应的妥协。随着石油、天然气在人民生产生活中的使用范围逐渐扩大，煤炭在能源矿产资源消费中的比重在不断下降。如今发达国家主要以石油、天然气为主要能源，相较而言，我国仍是世界上少有的以煤炭为主要能源的国家之一。

6.1.2.1 煤炭消耗的国际比较

煤炭，简称煤，是远古植物遗骸，埋在地层下，经过地壳隔绝空气的压力和达到相应温度的条件下，经历复杂的生物化学和物理化学变化产生的碳化化石矿物，主要被人类开采用作燃料。煤炭对于现代化工业来说，无论是重工业还是轻工业，无论是能源工业、冶金工业、化学工业、机械工业，还是轻纺工业、食品工业、交通运输业，都发挥着重要作用。各种工业部门都在一定程度上要消耗一定量的煤炭，因此有人称煤炭是工业“真正的粮食”。煤炭是 18 世纪以来人类世界使用的主要能源之一。国际上的煤炭消费量近年来处于相对稳定状态，但如表6－2所示，像美国、英国等多数发达国家的煤炭消费量在下降，而一些发展中国家，如中国、印度，煤炭的消费量却依旧在上升。

表6-2 2007—2017年国际煤炭消费量

单位：百万吨油当量

国家/地区	2007年	2008年	2009年	2010年	2011年	2012年	2013年	2014年	2015年	2016年	2017年
美国	544.6	535.9	471.4	498.8	470.6	416	431.8	430.9	372.2	340.6	332.1
加拿大	30.3	29.4	23.5	24.8	21.8	21.1	20.8	19.6	19.9	18.9	18.6
墨西哥	11.3	10.1	10.3	12.7	14.7	12.8	12.7	12.7	12.7	12.4	13.1
北美洲总计	**586.2**	**575.5**	**505.2**	**536.3**	**507.1**	**449.9**	**465.4**	**463.2**	**404.8**	**371.9**	**363.8**
阿根廷	1.2	1.5	0.8	1.2	1.3	1.2	1.3	1.4	1.4	1	1.1
巴西	13.6	13.8	11.1	14.5	15.4	15.3	16.5	17.5	17.6	15.9	16.5
智利	4.1	4.4	4	4.5	5.8	6.7	7.5	7.6	7.3	7.4	6.7
哥伦比亚	3.2	5	4	4.6	3.7	4.7	5	5.1	5.4	5.5	4
厄瓜多尔	—	—	—	—	—	—	—	—	—	—	—
秘鲁	1	0.9	0.8	0.8	0.8	0.9	0.9	0.9	0.8	1	1
特立尼达和多巴哥	—	—	—	—	—	—	—	—	—	—	—
委内瑞拉	0.1	0.1	0.2	0.2	0.2	0.2	0.2	0.2	0.1	0.3	0.3
其他中南美洲国家	2.5	2.6	2.1	2.3	2.8	2.7	2.9	3.2	3.6	3.8	3.2
中南美洲总计	**25.8**	**28.3**	**23.1**	**28.1**	**30**	**31.6**	**34.3**	**35.9**	**36.2**	**34.9**	**32.7**
奥地利	3.9	3.8	2.9	3.4	3.5	3.2	3.3	3	3.2	3	3.2
比利时	4.4	4.5	3.1	3.8	3.5	3.2	3.3	3.3	3.2	3	2.9
捷克共和国	21.4	19.7	17.7	18.8	18.4	17.4	17.2	16	16.6	16.6	16
芬兰	7	5.3	5.4	6.8	5.5	4.5	5	4.5	3.8	4.4	4.1
法国	12.8	12.1	10.8	11.5	9.8	11.1	11.6	8.6	8.4	8.2	9.1

续表

国家/地区	2007年	2008年	2009年	2010年	2011年	2012年	2013年	2014年	2015年	2016年	2017年
德国	86.7	80.1	71.7	77.1	78.3	80.5	82.8	79.6	78.7	75.8	71.3
希腊	8.8	8.3	8.4	7.9	7.9	8.1	7	6.7	5.6	4.4	4.9
匈牙利	3.1	3.1	2.6	2.7	2.7	2.6	2.3	2.2	2.4	2.3	2.3
意大利	16.3	15.8	12.4	13.7	15.4	15.7	13.5	13.1	12.3	11	9.8
荷兰	8.4	8	7.5	7.5	7.4	8.2	8.2	9.1	11	10.2	9.1
挪威	0.7	0.7	0.6	0.8	0.8	0.8	0.8	0.9	0.8	0.8	0.8
波兰	55.9	55.2	51.8	55.1	55	51.2	53.4	49.4	48.7	49.5	48.7
葡萄牙	2.9	2.5	2.9	1.6	2.2	2.9	2.6	2.7	3.3	3.2	3.5
罗马尼亚	10.1	9.6	7.6	7	8.2	7.6	5.8	5.7	5.9	5.3	5.7
西班牙	20	13.5	9.4	6.9	12.8	15.5	11.4	11.6	13.7	10.5	13.4
瑞典	2.7	2.4	1.9	2.5	2.5	2.2	2.2	2.1	2.1	2.1	1.9
瑞士	0.2	0.2	0.1	0.1	0.1	0.1	0.1	0.1	0.1	0.1	0.1
土耳其	29.5	29.6	30.9	31.4	33.9	36.5	31.6	36.1	34.7	38.5	44.6
英国	38.4	35.6	29.8	30.9	31.4	39	37	29.8	23.2	11.2	9
其他欧洲国家	39.5	39.3	36.9	38.4	40.9	36.9	37.3	34.7	35.4	35.3	36.1
欧洲总计	**372.9**	**349.3**	**314.3**	**327.8**	**340.2**	**347.3**	**336.4**	**319.3**	**313.1**	**295.1**	**296.4**
阿塞拜疆	*	*	*	*	*	*	*	*	*	*	*
白罗斯	0.7	0.6	0.6	0.6	0.8	0.8	0.9	0.8	0.6	0.7	0.9
哈萨克斯坦	31.1	33.8	30.9	33.4	36.3	37.9	37.5	37	34.2	33.9	36.2

续表

国家/地区	2007 年	2008 年	2009 年	2010 年	2011 年	2012 年	2013 年	2014 年	2015 年	2016 年	2017 年
俄罗斯	93.9	100.7	92.2	90.5	94	98.4	90.5	87.6	92.1	89.2	92.3
土库曼斯坦	—	—	—	—	—	—	—	—	—	—	—
乌克兰	39.8	41.8	35.9	38.3	41.5	42.5	41.6	35.6	27.3	29.7	24.6
乌兹别克斯坦	1	1	1	0.9	1.1	1.2	1.1	1.2	1.1	1	1.2
其他独联体国家	0.8	1.1	0.9	0.9	1	1.4	1.4	1.7	1.8	1.6	1.9
独联体国家总计	**167.3**	**179**	**161.5**	**164.7**	**174.7**	**182.1**	**173**	**163.8**	**157.3**	**156.2**	**157**
伊朗	1.6	1.2	1.4	1.3	1.4	1.1	1.4	1.6	1.5	0.9	0.9
伊拉克	—	—	—	—	—	—	—	—	—	—	—
以色列	8	7.9	7.7	7.7	7.9	8.8	7.4	6.9	6.8	5.7	5.2
科威特	*	*	—	*	*	—	0.3	0.2	0.2	0.2	0.2
阿曼	*	*	*	*	*	*	0.1	0.1	0.1	0.1	0.1
卡塔尔	—	—	—	—	—	—	—	—	—	—	—
沙特阿拉伯	0.1	0.1	*	0.1	0.1	0.1	0.1	0.2	0.1	0.1	0.1
阿联酋	0.1	0.3	0.3	0.7	0.4	1.4	1.8	2	1.7	1.5	1.6
其他中东国家	0.1	0.2	0.2	0.3	0.4	0.5	0.5	0.6	0.4	0.4	0.4
中东国家总计	**9.9**	**9.7**	**9.6**	**10.1**	**10.3**	**11.9**	**11.5**	**11.5**	**10.7**	**9.1**	**8.5**
阿尔及利亚	0.8	0.8	0.5	0.3	0.3	0.3	0.2	0.2	0.1	*	*
埃及	0.8	0.7	0.6	0.5	0.4	0.4	0.4	0.4	0.4	0.2	0.2
摩洛哥	3.2	3.7	2.7	2.8	3	3	3	4	4.4	4.3	4.5

续表

国家/地区	2007 年	2008 年	2009 年	2010 年	2011 年	2012 年	2013 年	2014 年	2015 年	2016 年	2017 年
南非	83.7	93.3	93.8	92.8	90.5	88.3	88.4	89.5	83	84.7	82.2
其他非洲国家	3.6	3	3.3	3.7	4.2	3.9	5.3	7.8	6.7	5.7	6.2
非洲总计	**92**	**101.4**	**101**	**100.1**	**98.4**	**96**	**97.2**	**101.9**	**94.6**	**94.9**	**93.1**
澳大利亚	52.7	54.9	53.1	49.4	48.1	45.1	43	42.6	43.9	43.6	42.3
孟加拉国	0.6	0.6	0.8	0.8	0.7	0.9	1	0.9	2.3	2.2	2.3
中国	1584.2	1609.3	1685.8	1748.9	1903.9	1927.8	1969.1	1954.5	1914	1889.1	1892.6
中国香港	7.5	6.9	7.2	6.2	7.4	7.3	7.8	8.1	6.7	6.7	6.3
印度	240	259.3	280.8	290.4	304.6	330	352.8	387.5	395.3	405.6	424
印度尼西亚	36.2	31.5	33.2	39.5	46.9	53	57	45.1	51.2	53.4	57.2
日本	117.7	120.3	101.6	115.7	109.6	115.8	121.2	119.1	119	118.8	120.5
马来西亚	8.8	9.8	10.6	14.8	14.8	15.9	15.1	15.4	17.4	19.6	20
新西兰	1.7	2.1	1.6	1.4	1.4	1.7	1.5	1.5	1.4	1.2	1.2
巴基斯坦	5.4	6	4.9	4.6	4	4	3.2	4.7	4.7	5.6	7.1
菲律宾	5.4	6.4	6.1	7	7.7	8.1	10	10.6	11.6	11.7	13.1
新加坡	*	*	*	*	*	*	0.3	0.4	0.4	0.4	0.4
韩国	59.7	66.1	68.6	75.9	83.6	81	81.9	84.6	85.5	81.9	86.3
斯里兰卡	*	0.1	0.1	0.1	0.3	0.5	0.5	0.9	1.2	1.3	1.4
中国台湾	38.8	37	35.2	37.6	38.9	38	38.6	39	37.8	38.6	39.4
泰国	13.9	15	15	15.4	15.7	16.5	16.2	17.9	17.5	17.7	18.3

续表

国家/地区	2007 年	2008 年	2009 年	2010 年	2011 年	2012 年	2013 年	2014 年	2015 年	2016 年	2017 年
越南	6.3	11.9	11.2	14.6	17.3	16.1	17.2	20.8	26.2	28.3	28.2
其他亚太地区国家	18.7	20.5	16.6	16.2	13.2	13.9	11.2	12.7	12.2	18.3	19.4
亚太地区总计	**2197.6**	**2257.5**	**2332.3**	**2438.6**	**2618.3**	**2675.5**	**2747.5**	**2766.5**	**2748.3**	**2744.0**	**2780.0**
世界总计	**3451.8**	**3500.6**	**3447.0**	**3605.6**	**3778.9**	**3794.5**	**3865.3**	**3862.2**	**3765.0**	**3706.0**	**3731.5**

资料来源：BP 世界能源统计年鉴，* 表示低于 0.05。

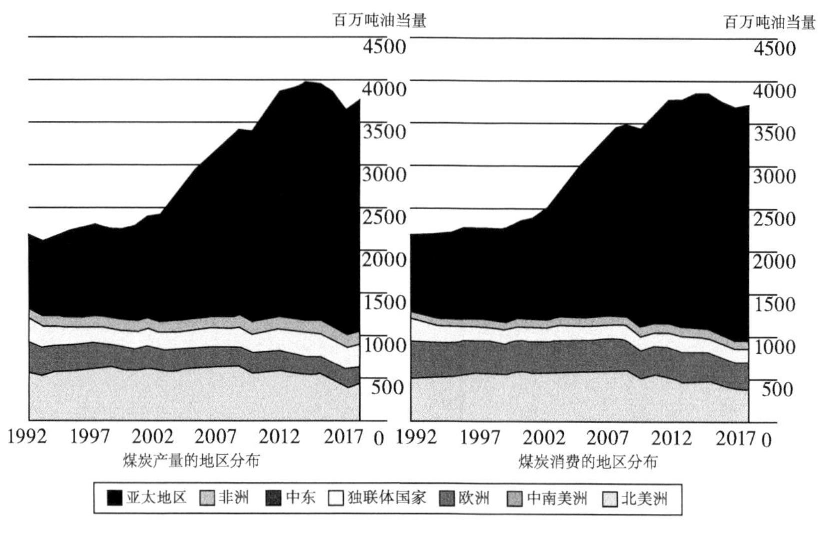

图 6-4 2017 年煤炭国际产量与消费的地区分布图

由表 6-2 的 2007—2017 年国际煤炭消费量与图 6-4 的产量与消费地区分布图可知，煤炭消费量的总量在 2007—2014 年逐渐增加，2014—2016 年有所下降，2007—2017 年，煤炭消费量总共增长 279.7 百万吨油当量。其中，美国的煤炭消费总量大幅度减小，中国煤炭的消费量增速明显，并且占全世界煤炭消费量的 50% 左右，是名副其实的煤炭消费大国，而其他大多数国家的煤炭消耗总量比较稳定，没有出现很大幅度的改变。其中，中东国家煤炭消费量最小，仅为 900 万吨油当量，而亚太地区消费量最多，达到 2700 百万吨油当量。

能源消费结构正在经历深刻的变革。这一改变主要反映了结构性因素的调整：天然气和可再生能源的资源可获得性与竞争力日益增强，与此同时，政府和社会所带来的压力促使能源结构向更清洁和更低碳的方向转变。长期结构转型所产生的作用力引发了近期的压力和变化，这一情况在中国尤为突出。2016 年初，中国实施了众多改革措施，用来解决国内煤炭行业产能过剩问题，提高生产力和盈利能力。改革的主要目的是淘汰规模小且生产率低下的煤炭企业，鼓励相关煤炭企业进行并购和重组。此外，还通过减少煤炭生产企业的工作日来进一步降低煤炭的生产量。这一系列改革产生了明显的效果：煤炭产量大幅减少，煤炭价格高速上涨。2016 年，全年煤炭产量达到有史以来最大跌幅，下降 7.9%（-1.4 亿吨油当量），动力煤价格上涨 60% 以上。煤炭消费量三年持续降低（-1.6%，-2600 万吨油当量）。由于生产量的增速低于消费量的增速，中国正逐渐恢复其全球最大煤炭进口国的地位。

中国煤价对世界的煤炭价格有着重大影响，中国煤炭价格的波动导致了全球煤炭市场的波动。煤价的上升在很大程度上减少了全球煤炭市场的需求，特别是电力行业的需求，从而使天然气和可再生能源成为最大受益者。全球煤炭消费下降 5300 万吨油当量（-1.7%），同时煤炭产量大幅下降 2.31 亿吨油当量（-6.2%），其中美国煤炭产量连续两年剧烈下滑（-19.0%，-8500 万吨油当量）。英国是去煤炭化的典型代表，2015 年最低煤炭价格的上调放大了国际煤价的增长幅度，最终结果是，英国即将永远告别煤炭。随着英国最后三个煤矿的关闭，英国的煤炭消费量降低到大约 200 年前的程度，2017 年 4 月发电行业迎来了首个无煤发电日。

6.1.2.2　石油消耗的国际比较

石油，地质勘探的主要对象之一，是一种黏稠的、深褐色液体，被称为“工业的血液”。地壳上层部分地区有石油储存，主要成分是各种烷烃、环烷烃、芳香烃的混合物。石油主要被用来当作燃油和汽油，也是许多化学工业产品，如溶液、化肥、杀虫剂和塑料等的原料。原油的地区分布从总体上看处于不平衡的状态：从东西半球来看，世界分区域石油探明储量约 3/4 的石油资源集中于东半球，西半球占 1/4；从南北半球来看，石油资源主要集中于北半球。石油工业是经济发展的血液，但石油属于不可再生资源，因此国际上对石油的关注和争夺一直不断。

表 6－3　2007—2017 年国际石油消费量

单位：百万吨油当量

国家/地区	2007 年	2008 年	2009 年	2010 年	2011 年	2012 年	2013 年	2014 年	2015 年	2016 年	2017 年
美国	967.6	913	871	890	874.7	856.4	872.8	879.4	898	908	913
加拿大	106	105	98.6	105	108.5	106.4	107.7	108.2	105	107	109
墨西哥	96.4	96.2	92.9	93.3	94.9	96.4	93.8	89.5	88.5	90.1	86.8
北美洲总计	**1170.1**	**1114**	**1063**	**1088**	**1078.1**	**1059**	**1074**	**1077**	**1092**	**1105**	**1109**
阿根廷	24.8	25.5	25	28.7	29	30.3	32.6	32.2	33.2	32.7	31.6
巴西	105.3	113	113	123	128.7	133	141.7	147.5	143	136	136
智利	18.5	19.2	18.7	16.6	18.1	18.1	17.5	17	17.1	18.1	18.3
哥伦比亚	11.2	12.1	11.1	12.4	13.3	14.4	14.5	15.4	16	16.5	16.7
厄瓜多尔	8.8	9.1	9.2	10.7	10.9	11.3	12	12.7	12.3	11.5	11.3
秘鲁	7.4	8.3	8.5	9	9.9	10	10.6	10.5	11.1	11.8	12.1
特立尼达和多巴哥	2.2	2.3	2.2	2.3	2.1	2.1	2.3	2.1	2.3	2.2	2.2
委内瑞拉	30.8	34.8	35.3	35.2	35.7	38.4	38	34.8	30.7	26	24.2
其他中南美洲国家	65	63.6	61.9	62.8	63.9	63	61.3	61.6	64.3	66.1	66.8
中南美洲总计	**273.9**	**288**	**285**	**301**	**311.7**	**320.7**	**330.4**	**333.8**	**330**	**321**	**319**
奥地利	13.9	13.8	13.3	13.8	13.1	12.9	13.1	12.9	13	13.3	13.4
比利时	35.3	36.8	32.4	33.6	31.4	30.5	31.1	30.7	32	32.5	32.2
捷克共和国	10	10.2	10	9.5	9.3	9.3	8.9	9.4	9.2	8.6	9.8
芬兰	11.1	11	10.3	10.8	10	9.4	9.3	8.9	9.6	10	9.7
法国	94.5	93.8	90.3	87.3	85.7	83.1	82.1	79.8	79.7	79.2	79.7

续表

国家/地区	2007年	2008年	2009年	2010年	2011年	2012年	2013年	2014年	2015年	2016年	2017年
德国	117.2	124	119	120	116.6	116.2	118.3	115.3	115	117	120
希腊	21.7	20.8	19.9	18.4	17.3	15.5	14.6	14.5	15	15.4	15.5
匈牙利	8.1	7.8	7.4	7	6.6	6.2	6.1	6.8	7.2	7.3	7.9
意大利	86.2	82.5	77.2	75.3	72.6	66.2	61.3	57.6	59.5	59.8	60.6
荷兰	50.4	47.9	46.1	46.7	47.4	45.1	42.8	40.9	39.9	41.1	40.8
挪威	11	10.6	11	11	10.9	10.9	11.1	10.5	10.6	10.1	10.1
波兰	26.1	27.2	27.1	28.6	28.5	27.6	25.7	25.7	26.8	29.2	31.6
葡萄牙	15.1	14.4	13.4	13.3	12.4	11.3	11.6	11.5	11.8	12	12.5
罗马尼亚	10.5	10.5	9.5	9	9.3	9.4	8.6	9.1	9.3	9.9	10
西班牙	81.1	78.6	74.2	72.8	69.5	65.4	60.2	60.1	62.1	64.2	64.8
瑞典	17.7	17.5	16.3	16.4	15.4	15.3	15	15.1	14.6	15.5	15.6
瑞士	11.8	12.6	12.8	11.9	11.5	11.7	12.3	11	11.2	10.6	10.9
土耳其	33.5	33.1	33.6	32.8	32.1	33.8	36.5	37.4	44.2	47.1	48.8
英国	84	82.6	78.8	77.9	76.5	74.2	73.1	73	74.7	76.3	76.3
其他欧洲国家	65.5	65.6	61.3	60.6	59.2	56.7	55.5	55.3	57.6	60	61.2
欧洲总计	**804.8**	**801**	**763**	**757**	**735.5**	**710.5**	**697.1**	**685.6**	**703**	**719**	**731**
阿塞拜疆	4.6	3.7	3.5	3.4	4.2	4.4	4.8	4.7	4.7	4.7	4.4
白罗斯	8.1	8	9.3	7.6	8.7	10.4	7.3	8.2	7	6.8	6.7
哈萨克斯坦	11.9	11.9	9.6	10.2	11.9	12	12.6	12.6	13.5	14.3	14.6

续表

国家/地区	2007 年	2008 年	2009 年	2010 年	2011 年	2012 年	2013 年	2014 年	2015 年	2016 年	2017 年
俄罗斯	134	138	133	138	147	149. 6	149. 5	157. 5	150	153	153
土库曼斯坦	5. 3	5. 4	5. 2	5. 7	6	6. 2	6. 4	6. 7	6. 8	7. 1	7. 3
乌克兰	15	14. 7	14	13. 1	13. 6	13. 1	12. 4	10. 7	9. 4	9. 9	10
乌兹别克斯坦	4. 8	4. 7	4. 4	3. 7	3. 5	3. 1	3	2. 8	2. 8	3. 3	3. 3
其他独联体国家	2. 7	2. 9	3. 1	3. 1	3. 2	3. 8	3. 8	3. 6	3. 8	4. 2	4. 1
独联体国家总计	**186. 4**	**189**	**182**	**185**	**198. 1**	**202. 6**	**199. 8**	**206. 8**	**198**	**203**	**203**
伊朗	90. 6	94. 7	93. 9	85. 7	87. 3	88. 8	96. 9	93. 6	83. 7	80. 7	84. 6
伊拉克	23. 2	23	26. 1	27. 8	30. 5	32. 6	34. 9	33. 1	33. 4	36. 8	38. 5
以色列	12. 7	12. 3	11. 1	11. 5	12. 2	14. 3	11. 7	10	10. 6	10. 8	11. 7
科威特	18. 1	19. 4	20. 9	21. 5	19. 9	22. 3	23. 2	19. 9	20. 6	20. 4	20
阿曼	4. 5	6	5. 8	6. 6	6. 9	7. 5	8. 7	8. 9	9. 1	9. 4	9. 3
卡塔尔	5. 7	6. 8	6. 5	7	8. 8	9	10. 2	10. 7	11. 6	12. 8	13. 3
沙特阿拉伯	108. 2	119	130	141	144. 4	151. 9	152. 2	166. 8	173	174	172
阿联酋	29. 3	30. 8	30	32. 1	34. 8	36. 3	40. 1	40. 7	43. 5	45. 7	45
其他中东国家	38. 5	39. 5	38. 2	35. 3	34. 4	31. 9	30. 4	30. 9	27. 8	25. 5	25. 2
中东国家总计	**330. 7**	**351**	**363**	**369**	**379. 2**	**394. 6**	**408. 3**	**414. 5**	**414**	**416**	**420**
阿尔及利亚	13. 4	14. 6	15. 5	15. 5	16. 5	17. 6	18. 4	19. 1	20. 2	19. 7	19. 5
埃及	31. 4	33. 6	35. 4	37. 4	34. 8	36. 5	36. 9	39. 5	41	42	39. 7
摩洛哥	10	11	11. 1	12. 3	13. 2	13. 3	13. 3	12. 6	12. 5	12. 8	13. 1

续表

国家/地区	2007 年	2008 年	2009 年	2010 年	2011 年	2012 年	2013 年	2014 年	2015 年	2016 年	2017 年
南非	26.7	25.3	25	26.7	26.8	27.6	28.4	28.2	29.4	28.7	28.8
其他非洲国家	67.1	72.2	75.3	78.1	73.3	79.4	84.6	85	85.9	89.4	95.2
非洲总计	**148.6**	**157**	**162**	**170**	**164.7**	**174.3**	**181.5**	**184.4**	**189**	**193**	**196**
澳大利亚	44.5	45.2	45.4	45.7	48.2	49.6	49.9	50.5	49.9	50.5	52.4
孟加拉国	3.8	3.9	3.6	4	5.2	5.6	5.4	5.9	6.4	6.7	7.5
中国	377.7	386	400	455	472.1	494.9	516.8	538.1	574	587	608
中国香港	16.4	14.9	16.9	18.3	18.4	17.6	18	17.1	18.7	19.4	21.9
印度	140.9	148	155	159	166.8	176.7	177.9	183	198	217	222
印度尼西亚	64.2	62.6	63.3	67.4	76	78.2	78.9	79.4	73.5	74.2	77.3
日本	239.3	232	208	211	211	224.9	214.7	204	197	191	188
马来西亚	32.3	31	30.8	30.9	33.1	34.6	36.8	36.8	36.2	36.7	36.9
新西兰	7.4	7.5	7.2	7.3	7.3	7.2	7.3	7.5	7.8	7.9	8.5
巴基斯坦	19.5	19.8	21.2	21	21.1	20.5	22.4	23.2	25.3	28.3	29.2
菲律宾	14.4	13.8	14.5	15.2	14.4	15	15.8	16.7	19.1	20.6	21.7
新加坡	48.6	51.7	55.8	61.3	64	63.8	64.6	66.3	70	72.7	75.3
韩国	112.6	108	109	110	111.1	114.4	113.9	113.7	120	129	129
斯里兰卡	4.5	4.1	4.3	4.3	4.6	4.7	4	4.4	4.7	5	5.3
中国台湾	52.8	47.6	47.9	49.1	46.3	46.3	47.1	48.5	48.3	48.6	49.2
泰国	47.7	46.6	48.8	50.4	52.6	55.4	57.6	58	60.4	62.1	63.9

续表

国家/地区	2007年	2008年	2009年	2010年	2011年	2012年	2013年	2014年	2015年	2016年	2017年
越南	13.8	14.6	14.8	16	17.4	17.6	19	19.5	20.8	21.9	23
其他亚太地区国家	12.9	12.5	13.2	14	15.6	16	17.8	19.8	21.6	21.8	23.3
亚太地区总计	**1253.3**	**1249**	**1260**	**1340**	**1385.1**	**1443**	**1468**	**1493**	**1550**	**1601**	**1643**
世界总计	**4167.8**	**4149**	**4078**	**4209**	**4252.4**	**4305**	**4359**	**4395**	**4476**	**4557**	**4622**

资料来源：BP世界能源统计年鉴。

图6－5 2017年石油国际人均消费量区域比较

由表6－3可知，石油消费量在逐渐增加，美国、中国、日本、印度、沙特阿拉伯、俄罗斯是石油消费大国。其中，美国以900百万吨油当量的石油消费量占国际石油总消费量的20%左右，是世界石油消费量第一大国，中国位居第二，并且石油消费总量在不断快速地上升，从2007年的377.7百万吨油当量增长到2017年的608百万吨油当量，增长速度国际最快。2017年，全球石油消费增长1.8%，即170万桶/日，连续三年超过十年平均增速（1.2%）。中国（50万桶/日）和美国（19万桶/日）贡献了最多的增量。全球石油产量增加了60万桶/日，连续两年低于历史平均水平。美国（69万桶/日）和利比亚（44万桶/日）增产最多，沙特阿拉伯（－45万桶/日）和委内瑞拉（－28万桶/日）减产最多。炼厂原油加工量平均增长了160万桶/日，然而炼油能力仅增加60万桶/日，连续三年低于历史平均值。受此影响，炼厂开工率上升到9年来最高水平。由图6－5可知，2017年，从石油国际人均消费量区域来看，北美洲的人均石油消费量最高，其次是大洋洲，然后是南美洲，亚洲小部分地区的人均石油消费量较高，但总体水平较低。中国的人均消费量明显低于其他国家。

6.1.2.3 天然气消耗的国际比较

天然气是指自然界中天然存在的一切气体，包括大气圈、水圈和岩石圈中各种自然过程形成的气体。而人们长期以来通用的“天然气”，是从能量角度出发的狭义定义，是指天然蕴藏于地层中的烃类和非烃类气体的混合物。在石油地质学中，天然气通常是指油田气和气田气。其组成以烃类为主，并含有非烃气体。天然气蕴藏在地下多孔隙岩层中，包括油田气、气田气、煤层气、泥火山气和生物生成气等，也有少量出于煤层。它是优质燃料和化工原料。天然气的主要用途是作燃料，可制造炭黑、化学药品和液化石油气，由天然气生产的丙烷、丁烷是现代工业的重要原料。天然气主要由气态低分子烃和非烃气体混合组成。采用天然气作为能源，可降低煤炭和石油的用量，能减少二氧化硫和粉尘排放量近100%，减少二氧化碳排放量60%和氮氧化合物排放量50%，并有助于减少酸雨的形成，舒缓地球温室效应，从根本上改善环境质量。对国际天然气消费量进行比较，能清晰地了解天然气的消费趋势以及各国的消费情况。

由表6－4可知，美国、俄罗斯、中国、伊朗、日本是天然气消费大国，其中美国天然气消费量最大，2016年甚至达到了645.1百万吨油当量，占世界天然气消费总量的21%。排名第二位的是俄罗斯，2017年的天然气消费量为365.2百万吨油当量，占世界天然气总消费量的11.58%。中国的天然气消费量现已排名世界第三位，2017年消费量为206.7百万吨油当量，占世界石油消费总量的6.55%，并呈不断增长的趋势，相比于2007年的61.1百万吨油当量，增长了145.6百万吨油当量，增长率达到238.30%。天然气消费量最少的是厄尔多瓜，其消费量在2017年仅为0.5百万吨油当量，占世界天然气消费总量的0.016%。从图6－6可知，亚洲的人均能源消费量总体最高，但中国相对其他国家来讲，人均消费量低于世界水平。北美洲的天然气人均消费量总体也较高，大洋洲的人均天然气消费量较高，且澳大利亚人均消费量分布均衡。

表6-4　2007—2017年国际天然气消费量

单位：百万吨油当量

国家/地区	2007年	2008年	2009年	2010年	2011年	2012年	2013年	2014年	2015年	2016年	2017年
美国	536.7	540.7	531.1	557.3	566	591.7	607.9	621	639.4	645.1	635.8
加拿大	78.2	76.8	74.4	76.3	82.2	79.8	84.3	88.8	88.5	94.1	99.5
墨西哥	49	51.6	56	56.8	60.9	63.3	67.5	68.9	67.1	79	75.3
北美洲总计	**663.9**	**669.2**	**661.5**	**690.4**	**709**	**734.8**	**759.7**	**778.7**	**794.9**	**818.2**	**810.7**
阿根廷	36.7	37.1	35.2	36.3	37.8	39.3	39.4	39.8	40.1	41.6	41.7
巴西	19.1	22.4	18.1	24.1	24	28.5	33.6	35.6	37.5	32.4	33
智利	4.3	2.4	2.4	4.9	5	4.6	4.6	3.8	4.1	5.1	5.2
哥伦比亚	6.2	6.3	7.2	7.5	7.3	8.1	9	9.8	9.6	9.2	8.6
厄瓜多尔	0.4	0.4	0.4	0.4	0.4	0.5	0.6	0.6	0.6	0.6	0.5
秘鲁	2.2	2.8	2.9	4.2	4.6	5.2	5.1	5.8	6.1	6.5	5.8
特立尼达和多巴哥	18.3	17.8	18.5	19.4	19.5	18.6	18.7	18.4	18	16	15.9
委内瑞拉	32	30.2	28.5	27.7	28	29.3	28.3	28.2	31.4	33	32.4
其他中南美洲国家	3.8	4	4.2	4.5	5	5.4	5.9	6.2	6.1	6.3	6.1
中南美洲总计	**123**	**123.4**	**117.5**	**129.1**	**132**	**139.4**	**145.1**	**148.1**	**153.6**	**150.6**	**149.1**
奥地利	7.2	7.7	7.5	8.1	7.6	7.3	7	6.4	6.8	7.1	7.7
比利时	14.9	14.8	15.1	17	14.2	14.4	14.2	12.4	13.6	13.9	14.1
捷克共和国	7.2	7.2	6.8	8.1	6.8	6.9	6.9	6.2	6.5	7	7.2
芬兰	3.5	3.6	3.2	3.6	3.1	2.7	2.6	2.3	1.9	1.7	1.6
法国	38.5	39.9	38.4	42.6	37	38.2	38.8	32.6	35.1	38.3	38.5

续表

国家/地区	2007年	2008年	2009年	2010年	2011年	2012年	2013年	2014年	2015年	2016年	2017年
德国	76.2	77	72.6	75.7	69.5	69.7	73.1	63.5	66.2	73	77.5
希腊	3.3	3.5	2.9	3.2	4	3.6	3.2	2.4	2.6	3.4	4.1
匈牙利	10.7	10.6	9.2	9.8	9.4	8.4	7.8	7	7.5	8	8.5
意大利	70	70	64.4	68.6	64.3	61.8	57.8	51.1	55.7	58.5	62
荷兰	33.2	34.6	35	39.2	34.3	32.4	32.8	28.6	28.3	29.7	31
挪威	3.6	3.7	3.5	3.5	3.5	3.4	3.4	3.7	3.9	3.8	3.9
波兰	12.4	13.5	13	14	14.1	15	15	14.6	14.7	15.7	16.5
葡萄牙	3.8	4.1	4.1	4.5	4.5	3.9	3.7	3.5	4.1	4.4	5.3
罗马尼亚	12.8	12.2	10.6	10.8	11.1	10.8	9.8	9.5	9	8.9	10.2
西班牙	31.8	34.9	31.2	31.1	28.9	28.6	26.1	23.7	24.5	25	27.5
瑞典	0.9	0.8	1	1.3	1.1	0.9	0.9	0.8	0.8	0.8	0.7
瑞士	2.4	2.5	2.4	2.7	2.4	2.6	2.8	2.4	2.6	2.7	2.7
土耳其	29.1	30.4	29	30.8	36	37.2	37.8	40.1	39.5	38.2	44.4
英国	82	84.1	78.5	84.7	70.4	66.1	65.6	60.2	61.7	69.6	67.7
其他欧洲国家	30	29.2	25.6	28.8	27.8	26.4	25.8	23.4	24.1	24.8	25.9
欧洲总计	**473.5**	**484.2**	**453.9**	**488.1**	**450**	**440.5**	**435.2**	**394.6**	**409.1**	**434.7**	**457.2**
阿塞拜疆	7.5	8.6	7.4	7	7.7	8	8.1	8.5	9.6	9.4	9.1
白罗斯	16.9	17.3	14.5	17.8	16.6	16.8	16.8	16	15	15.2	15.5
哈萨克斯坦	9.2	9.1	8.7	9.5	10.5	11.1	11.7	12.9	13.2	13.6	14

续表

国家/地区	2007 年	2008 年	2009 年	2010 年	2011 年	2012 年	2013 年	2014 年	2015 年	2016 年	2017 年
俄罗斯	368.7	363.5	343.5	363.4	375	369.4	363.8	364.2	352.2	361.3	365.2
土库曼斯坦	19.1	19.2	17.7	20.3	21.2	23.7	20.6	23	26.5	26.5	24.4
乌克兰	56.8	54	42.1	46.9	48.3	44.6	38.9	33.1	25.9	26.1	25.6
乌兹别克斯坦	41.3	43.8	35.9	36.7	38	37.5	37.3	39	41.7	35.8	35.8
其他独联体国家	4.9	5	4.8	4.5	4.7	5.1	4.4	4.5	4.7	4.7	4.4
独联体国家总计	**524.4**	**520.5**	**474.5**	**506.2**	**521**	**516.3**	**501.4**	**501**	**488.7**	**492.6**	**494.1**
伊朗	106.3	112.8	120.9	129.5	137	136.8	137.9	155.6	165	173.1	184.4
伊拉克	3.9	5.6	5.9	6.1	5.4	5.5	6.1	6.5	6.3	8.5	10.3
以色列	2.3	3.1	3.4	4.4	4.1	2.1	5.7	6.2	6.9	8	8.5
科威特	9.2	10.4	10.2	12	13.6	15.1	15.3	15.1	17.5	18.1	19
阿曼	10.5	11.5	11.8	14	15.6	16.9	18.6	18.3	19.8	19.7	20
卡塔尔	20.6	16.6	16.8	21.3	23.5	29	30.1	33.4	37.9	37.1	40.8
沙特阿拉伯	60.8	65.7	64.1	71.6	75.4	81.1	81.7	83.6	85.3	90.6	95.8
阿联酋	41.2	49.8	49.5	51	53	55	55.4	54.5	61	62.3	62.1
其他中东国家	16.8	17.8	19.5	21.7	19.1	17.7	18	18	19.3	20.3	20.4
中东国家总计	**271.5**	**293.2**	**302.1**	**331.6**	**347**	**359.1**	**368.9**	**391.2**	**418.9**	**437.6**	**461.3**
阿尔及利亚	20.1	21	22.5	21.8	23	25.7	27.6	31	32.6	33.2	33.4
埃及	31.7	33.8	35.2	37.3	41.1	43.5	42.6	39.7	39.6	42.4	48.1
摩洛哥	0.5	0.5	0.6	0.6	0.8	1	1	1	1	1	1

续表

国家/地区	2007年	2008年	2009年	2010年	2011年	2012年	2013年	2014年	2015年	2016年	2017年
南非	3.3	3.4	2.9	3.5	3.7	3.7	3.5	3.7	3.8	4	3.9
其他非洲国家	25.7	26.1	22.4	24.9	24.6	25.9	25.6	29.6	34.5	33.9	35.5
非洲总计	**81.3**	**84.8**	**83.6**	**88.2**	**93.1**	**99.9**	**100.3**	**105**	**111.4**	**114.5**	**121.9**
澳大利亚	25	24.5	25.1	29	30.3	30.4	32	34.5	36.2	35.9	36
孟加拉国	13.2	14.1	16.1	16.6	16.8	18.3	18.9	19.8	22.2	22.7	22.9
中国	61.1	70.4	77.6	93.6	116	129.7	147.8	162	167.4	180.1	206.7
中国香港	2.2	2.6	2.5	3.1	2.5	2.3	2.2	2.1	2.7	2.7	2.7
印度	33.4	34.4	41.6	51.2	52.7	48.7	42.8	42.7	39.9	43.7	46.6
印度尼西亚	29.8	34.1	36.2	37.9	36.7	36.9	35.6	35.7	35.3	32.9	33.7
日本	81.2	84.4	78.7	85.1	95	105.3	105.2	103.6	102.1	100.1	100.7
马来西亚	34.7	37.4	34.4	34.2	32.9	36.1	38.3	38.4	37.8	36.1	36.8
新西兰	3.6	3.4	3.6	3.9	3.5	3.8	4	4.4	4	4.2	4.2
巴基斯坦	29.1	29.8	29.8	30.4	30.4	31.5	30.6	30.1	31.4	32.9	35
菲律宾	3	3.2	3.2	3	3.3	3.1	2.9	3	2.9	3.3	3.2
新加坡	7	7.5	7.9	7.2	7.1	7.7	8.6	8.9	10	10.2	10.6
韩国	31.2	32.1	30.5	38.7	41.7	45.2	47.3	43	39.3	41	42.4
斯里兰卡	—	—	—	—	—	—	—	—	—	—	—
中国台湾	9.6	10.5	10.2	12.7	14	14.7	14.7	15.5	16.5	17.2	19.1
泰国	30.2	31.8	32.8	37.2	38.1	41.8	42	42.9	43.8	43.5	43.1

续表

国家/地区	2007 年	2008 年	2009 年	2010 年	2011 年	2012 年	2013 年	2014 年	2015 年	2016 年	2017 年
越南	5. 9	6. 2	6. 6	7. 8	7	7. 8	8. 1	8. 5	8. 8	8. 8	8. 1
其他亚太地区国家	5. 5	5. 5	4. 7	5. 8	6. 5	7. 3	7. 4	8. 7	10. 3	9. 8	10
亚太地区总计	**405. 8**	**431. 9**	**441. 6**	**497. 3**	**535**	**570. 6**	**588. 4**	**603. 7**	**610. 6**	**625. 1**	**661. 8**
世界总计	**2543. 4**	**2607. 2**	**2534. 6**	**2730. 8**	**2787**	**2861**	**2899**	**2922**	**2987. 3**	**3073. 2**	**3156**

资料来源：BP 世界能源统计年鉴。

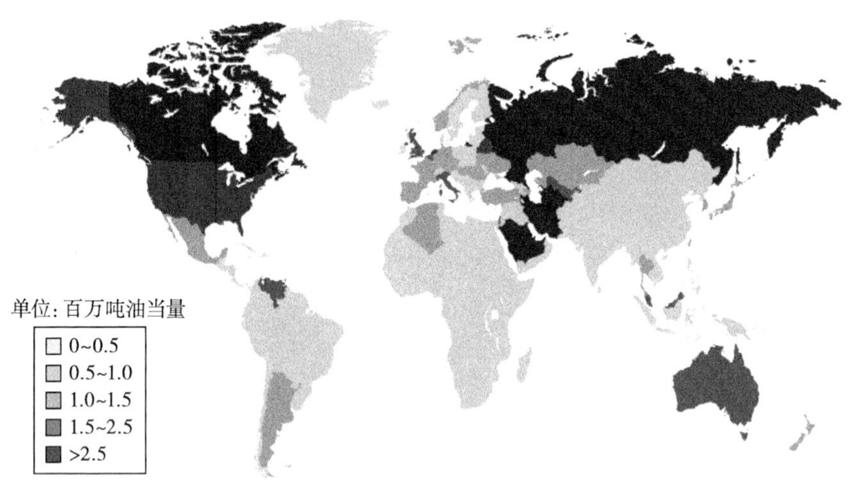

图 6－6　2017 年天然气国际人均消费量区域比较

2017 年是天然气的“丰收年”，全球天然气消费增加了 3.0%（960 亿立方米），产量增加了 4.0%（1310 亿立方米），均为金融危机以来的最高增速。天然气消费增长以亚洲为主导，尤其是中国（15.1%，310 亿立方米），其次是中东（伊朗 6.8%，130 亿立方米）和欧洲。在需求方面，天然气相对于煤炭的竞争力上升和欧洲核能及可再生能源供应的疲软共同促进了欧洲天然气消费的强劲增长。中东和中国的天然气消费大幅增加，这得益于两国在基础建设方面的改进和天然气资源可获得性上的提升。天然气消费下滑最大的是俄罗斯和巴西。2016 年，中国天然气需求激增成为拉动全球天然气消费增长的最主要因素：中国天然气消费增速超过 15%，约占全球天然气消费增长的 1/3。如此快速的扩张主要是因为 2013 年国务院印发了《大气污染防治行动计划》，该计划确定了未来五年空气质量改善的目标。中国政府 2017 年春天针对北京、天津和周边 26 个城市出台了一系列政策措施，以实现环保目标。这些措施在 2017 年秋季得到进一步强化，主要针对电力部门以外的煤炭使用。值得注意的是，中国政府打出了一套力度空前的组合拳，通过“胡萝卜加大棒”的策略鼓励工业和住宅用户进行“煤改气”或“煤改电”，而多数用户选择了“煤改气”。尽管受此政策影响的 300 万户家庭吸引了更多眼球，但实际上工业用户“煤改气”的量更大，加之采暖需求的季节性波动，天然气需求在冬季达到顶峰。

2017 年，全球能源市场在连续几年向低碳转型阔步迈进后向后退了一小步。煤炭消费增长了 2500 万吨油当量，上升 1%，是 2013 年以来的首次增长。煤炭消费增长主要来自印度（1800 万吨油当量），中国的煤炭消费在连续三年（2014—2016 年）下降后出现小幅反弹（400 万吨油当量）。经合组织国家煤炭消费连续第四年下降（-400 万吨油当量）。全球石油消费增长 1.8%，即 170 万桶/日，连续第三年超过十年平均增速（1.2%）。中国（50 万桶/日）和美国（19 万桶/日）贡献了最多的增量。天然气消费增长了 960 亿立方米，上升 3%，是自 2010 年以来的最快增速。

6.2　我国能源矿产资源利用效率测算

加入 WTO 之后，中国的对外贸易实现了快速增长。对外贸易的增长使得中国经济快速发展，但与此同时也带来了能源矿产资源消费量大幅度增加、环境遭受严重污染、全球变暖加剧等问题，这也是世界上其他国家在发展经济的同时必然会遇到的问题。对此，中国政府根据全球环境的具体情况进行分析，提出了进行生态文明建设的基本战略，这是中国经济进入“新常态”的必然要求。2014 年，国务院在印发的《能源发展战略行动计划（2014—2020 年）》中提出了坚持“节约、清洁、安全”的战略方针，加快构建清洁、高效、安全、可持续的现代能源体系。争取在我国经济发展的同时，降低能源矿产资源的消费量，提高单位能源矿产资源经济效益，从而达到经济可持续发展、污染大幅降低、生态环境得到改善的目的。

随着国家经济发展水平的不断提高，能源矿产资源成为我们生产、生活中必不可少的一部分。我国能源矿产资源在地理位置分布上存在明显的差异，经济落后的地区能源矿产资源分布较多，消费量较大，但能源利用效率却比较低，造成了能源的大量浪费，给环境带来了极大的破坏。为了防止能源危机的出现，必须未雨绸缪，一定要把可持续发展战略作为重中之重，不断提高资源的利用水平，实现资源可持续发展。

对中国各个省份的能源利用效率进行测算并且在此基础上进行分析，可以较为直观地了解各地区的能源利用效率及差异，从而能因地制宜地提出解决方案来提升区域能源的利用效率，进而实现在发展经济的同时降低能源消费量、减轻环境污染等目标。因此，本节在收集相关数据之后，结合相关资料对我国各个地区能源矿产资源利用效率进行测算并展开客观有效评价，在前人研究的基础上，找出影响能源矿产资源使用效率的因素并对其进行分析。

6.2.1 我国能源矿产资源利用效率研究

能源利用效率简称为“能效”。能源利用效率是指一个体系（国家、地区、企业或者单项耗能设备等）有效利用的能量与实际消耗能量的比率，它反映了能源消耗水平和利用效果。1995 年，世界能源委员会在其出版的《应用高技术提高能源效率》中，将能源效率定义为：减少提供同等能源服务的能源投入。节能即指通过运用相关技术来提高能源的利用效率或者减少能源的消耗。所以，节能是在不降低 GDP 的情况下减少能源的消费量，即降低单位 GDP 的能源消费量。节能的重点在于通过对相关技术进行改进从而达到减少能源消费量或提高能源利用效率的目的。节能贯穿于整个能源开采、使用过程，即从能源矿产资源的开发到使用各个环节中应采取积极有效的措施来减少能源的消费量，提高整体的收益水平，降低环境污染，维护生态环境。能效与节能的概念是伴随社会技术的发展、环境污染的日益严重、相关能源规划目标的转变而逐渐形成的。基于能源安全、新能源和可再生能源的开发及节能减排多个角度来分析，各国的能源发展规划随之产生了不同的变化，大致经历了四个阶段。第一个阶段开始于 20 世纪 70 年代，随着能源危机的出现，各国开始提倡减少能源的使用，这一阶段的主要目标是降低能源的消费量，使能源消费量不再呈现快速上升的发展趋势；第二阶段是从 20 世纪 80 年代末开始，处于能源守恒阶段，这一阶段的主要目标是在促进经济发展的前提下，尽量控制能源消费总量不上升；第三个阶段是从 20 世纪 90 年代初开始，处于提升能源利用效率的阶段，这一阶段的目标是在整体上提高能源利用效率并全面提升收益；第四个阶段是现在的能源规划阶段，气候变得恶劣导致人们不得不正视温室效应，这一阶段的主要目标是大力降低温室气体的产生与排放。综观这一系列的发展历程，我们发现现代社会的能源发展与 20 世纪单纯地减少能源消费不同，旨在节能和提升能源利用效率。现如今，我国经济进入高质量发展阶段，能源规划的主要目标是对相关技术进行改进，提升能源利用效率，减少能源的浪费和温室气体的排放，降低环境污染，改善生态环境，保证我国经济可持续发展。

目前世界各国都存在资源短缺问题。如何在经济稳定发展的同时降低能源矿产资源的使用，使社会经济与资源可持续发展是各国人民的美好愿望。我国能源矿产资源与其他国家相比总量大，是资源储备大国，但是我国能源矿产资源的人均拥有量却远低于世界人均资源拥有量，能源矿产资源的利用效率也低于大多数发达国家。一方面，在生产生活中，我国存在许多严重浪费资源的情况，随之产生的环境污染也严重地影响着人们的生活，不利于我国经济高质量发展。另一方面，我国拥有超过 13 亿的人口，是世界人口大国，虽然能源矿产资源多，但是所需能源的人口也多。随着我国工业的不断发展，能源矿产资源的需求量持续上升，我国能源矿产资源的消费量逐渐高于能源矿产资源的开发量，产生了较大的能源缺口，随着经济的不断发展，能源缺口将一直存在。为了进一步发展国民经济，我国需要填补能源矿产资源的缺口。因此，中国每年都会从其他国家进口大量的能源矿产资源，2015 年我国原油的对外依存度高达60.6%。每年的能源矿产资源消费量远远高于能源矿产资源的开采量，大量的能源矿产资源都要依赖国外进口，能源矿产资源安全隐患已不容忽视，能源利用现状堪忧。为了缓解社会持续发展与能源矿产资源过度使用之间的矛盾，需要进一步提高能源矿产资源的利用效率。

能源效率分为单要素能源效率和多要素能源效率。单要素能源效率又称为能源强度，是指能源消费量与实际产出的比值。比值越低，能源利用效率越高，而比值越高，能源利用效率越低。由于在计算时将能源消费量作为唯一的投入要素，而不考虑其他投入要素，所以将其称为单要素能源利用效率。单要素能源效率比较适合测算在一段时期内一个国家、地区或行业的能源利用效率。通常情况下，中国在单要素能源效率测算中，能源消耗量以国家总的能源消费量来计算，单位是吨煤/万元，而实际产出通常使用国内生产总值来表示。国家单位生产总值能源消费量在很大程度上反映了每单位能源消费量对国家经济发展的贡献和能源的利用效率，也反映了国家的经济增长对能源消费的依赖程度。地区的单要素能源效率测算也是如此，测算结果代表每一单位地区生产总值所消费的能源量。

$$单要素能源效率 = \frac{能源消耗量}{实际产出}$$

单要素能源效率也可以用能源消费弹性系数来表示，此指标用以定量表示经济增长与能耗量之间的变化规律，通常情况下，以能耗增长率与经济增长率之间的比值来表示，即：

$$能源消费弹性系数 = \frac{本期能源消费量增量/上期能源消费量}{本期经济产量的增量/上一期的经济变化量}$$

通过单要素能源效率的计算方法可以得知，能源强度和能源弹性系数本质上反映的都是能效变化的结果，计算过程相对简单，而且通过计算结果可以看出能源利用效率的变化趋势。因此，单要素能源效率是常用衡量能效的指标。

全要素能源效率是在包括多种投入要素在内的前提下计算能源效率。全要素能源效率利用线性规划的方法对能源的利用效率进行测算，在计算时充分考虑各种投入要素，并收集测算对象的能源投入量，从而用潜在的能源投入量和实际能源投入量的比值来表示能源效率。

$$全要素能源效率 = \frac{潜在能源投入量}{实际能源投入量}$$

一般情况下，全要素能源效率使用 DEA 方法来进行测算，将所谓的资金、土地、能源、劳动和知识存量输入生产函数中。运用全要素能源效率来衡量能效具有很多优点：①解决了单要素能源效率测算中只有一种投入要素的在内缺陷；②在对国家和行业潜在的能源投入量进行计算时，可以大致评判相应的国家或行业的节能潜力；③全要素能源效率测算出来的能效更符合实际情况。使用全要素能源效率进行测算时需要更为详细的数据资料，但某些数据的搜寻难度大，而且工作量也相对较大。

6.2.2　我国能源矿产资源利用效率区域差异性研究

本文采用的是单要素能源效率，与上述不同，在进行能源利用效率测算时，在忽略其他要素的条件下，采用相关部门的经济产出与能源的消耗量之比来测算我国能源矿产资源的利用效率，见公式（6－1）。本研究计算并详细分析了 2000—2016 年中国 30 个省份的能源利用效率，主要涉及的能源矿产消费量包括煤炭、石油、天然气三种能源消费量折标煤之和，中国历年能源消费量、所涉及的国内生产总值等数据来自《中国能源统计年鉴》。

$$EF_{i,t} = \frac{GDP_{i,t}}{TE_{i,t}} \tag{6-1}$$

$$TE_{i,t} = \sum_{j=1}^{3} E_j \xi_j \tag{6-2}$$

公式中 $EF_{i,t}$ 表示第 i 省份第 t 年的能源矿产资源利用效率，$TE_{i,t}$ 表示第 i 省份的第 t 年所有能源矿产资源消费量的和。E_j 表示第 j 种能源矿产资源的消费量，ξ_j 表示第 j 种能源折标煤系数。

表6－5 各种能源折标准煤参考系数

能源种类	能源折标准煤系数（kgce/kg）
原煤	0.7143
焦炭	0.9714
原油	1.4286
汽油	1.4714
煤油	1.4714
柴油	1.4571
燃料油	1.4286
天然气	12.29

由表6－6可知，区域能源矿产资源利用效率从高到低排列顺序为华北地区、华南地区、西南地区、华东地区、华中地区、东北地区、西北地区。1999—2016年，华北、华东、华中、东北、西南地区能源矿产资源利用效率在不断增长，西北、东北地区利用效率增速不大。其中，能源矿产资源利用效率最高且增速最快的是北京，2016年，北京市的能源矿产资源利用效率高达4.6，相对于2007年矿产能源利用效率总增长速度为557.14%。其次是广东省，2016年能源矿产利用效率为3，相对于1999年矿产能源利用效率总增长速度为200%。福建、重庆、浙江的能源矿产资源利用效率相对于其他省份较高，增速较快。然而内蒙古、新疆、山西、宁夏等地区的能源矿产资源利用效率则较低，且增速相对较慢。其中，宁夏的能源利用效率在全国最低，且能源利用效率的增长速度随着经济的发展也只出现了非常小幅度的波动，从1999年的0.3增长到2016年的0.4，几乎无明显增加。宁夏是我国13个亿级生产基地之一，其煤炭的人均拥有量位列全国第一，但其能源利用效率却处于全国最低水平，这在很大程度上造成了能源矿产资源的浪费。作为能源大省的新疆，其单位GDP的能耗非常高，能源利用效率低下，远远低于全国能源矿产的利用效率平均值，对此，新疆在“十三五”规划中也强调了建设资源节约型社会的要求，降低能源消费量并提高能

表 6－6　1999—2016 年我国各地区能源利用效率

地区	1999 年	2000 年	2001 年	2002 年	2003 年	2004 年	2005 年	2006 年	2007 年	2008 年	2009 年	2010 年	2011 年	2012 年	2013 年	2014 年	2015 年	2016 年
北京市	0.7	0.8	0.9	1.0	1.2	1.2	1.4	1.5	1.7	1.9	2.0	2.3	2.8	3.0	3.6	3.7	4.0	4.6
天津市	0.5	0.5	0.5	0.6	0.6	0.7	0.8	0.8	0.9	1.2	1.2	1.2	1.3	1.5	1.7	1.9	2.0	2.2
河北省	0.4	0.4	0.5	0.5	0.5	0.5	0.5	0.5	0.5	0.6	0.6	0.7	0.7	0.8	0.8	0.9	0.9	1.0
山西省	0.1	0.2	0.2	0.1	0.2	0.2	0.2	0.2	0.3	0.3	0.3	0.4	0.4	0.4	0.4	0.4	0.4	0.4
内蒙古自治区	0.3	0.3	0.3	0.3	0.3	0.3	0.3	0.4	0.4	0.4	0.5	0.5	0.5	0.5	0.6	0.6	0.6	0.6
辽宁省	0.3	0.3	0.3	0.4	0.4	0.4	0.4	0.4	0.5	0.6	0.6	0.7	0.8	0.8	0.9	1.0	1.0	0.8
吉林省	0.4	0.4	0.4	0.5	0.5	0.5	0.5	0.5	0.6	0.7	0.8	0.9	0.9	1.1	1.2	1.3	1.4	1.5
黑龙江省	0.4	0.4	0.4	0.5	0.5	0.5	0.5	0.6	0.6	0.7	0.7	0.7	0.8	0.9	1.0	1.0	1.0	1.0
上海市	0.6	0.7	0.7	0.8	0.8	0.9	1.0	1.1	1.3	1.3	1.4	1.5	1.6	1.7	1.8	2.1	2.1	2.4
江苏省	0.8	0.9	1.0	1.0	1.0	1.0	1.0	1.1	1.2	1.4	1.4	1.6	1.6	1.7	1.9	2.0	2.1	2.2
浙江省	1.0	0.9	1.0	1.1	1.1	1.1	1.1	1.1	1.2	1.4	1.4	1.6	1.7	1.9	2.1	2.2	2.3	2.6
安徽省	0.5	0.5	0.6	0.6	0.6	0.7	0.7	0.8	0.8	0.9	0.9	1.0	1.2	1.3	1.3	1.4	1.4	1.6
福建省	1.4	1.4	1.5	1.4	1.3	1.3	1.2	1.3	1.4	1.6	1.5	1.6	1.7	1.9	2.1	2.0	2.3	2.7
江西省	0.7	0.7	0.8	0.8	0.8	0.8	0.9	1.0	1.1	1.3	1.3	1.4	1.6	1.7	1.8	1.9	1.9	2.1
山东省	0.7	0.8	0.8	0.8	0.7	0.7	0.7	0.7	0.7	0.8	0.9	0.9	1.0	1.0	1.2	1.2	1.2	1.2
河南省	0.6	0.6	0.6	0.6	0.7	0.6	0.6	0.7	0.7	0.9	0.9	1.0	1.0	1.2	1.3	1.4	1.5	1.7
湖北省	0.5	0.5	0.6	0.6	0.6	0.7	0.7	0.7	0.8	1.0	1.0	1.1	1.2	1.4	1.7	1.9	2.1	2.3
湖南省	0.8	0.9	0.9	0.9	0.9	0.9	0.7	0.8	0.9	1.1	1.2	1.4	1.5	1.7	2.0	2.3	2.3	2.5

续表

地区	1999年	2000年	2001年	2002年	2003年	2004年	2005年	2006年	2007年	2008年	2009年	2010年	2011年	2012年	2013年	2014年	2015年	2016年
广东省	1.0	1.1	1.1	1.2	1.2	1.3	1.4	1.5	1.6	1.8	1.8	1.9	2.0	2.2	2.4	2.6	2.8	3.0
广西壮族自治区	1.0	1.0	1.1	1.1	1.0	1.0	1.0	1.1	1.2	1.4	1.4	1.4	1.4	1.4	1.6	1.7	1.9	2.0
海南省	1.3	1.3	2.1	—	0.7	0.9	1.2	0.9	0.6	0.7	0.7	0.8	0.8	0.9	1.1	1.1	1.1	1.2
重庆市	0.6	0.6	0.7	0.8	1.0	1.0	1.0	1.0	1.1	1.1	1.2	1.3	1.4	1.6	2.1	2.1	2.3	2.6
四川省	0.7	0.8	0.8	0.8	0.7	0.7	0.9	0.9	1.0	1.1	1.0	1.2	1.5	1.6	1.7	1.8	2.0	2.2
贵州省	0.2	0.2	0.3	0.3	0.3	0.3	0.3	0.3	0.3	0.4	0.4	0.5	0.6	0.6	0.7	0.9	1.0	1.0
云南省	0.7	0.7	0.7	0.7	0.6	0.5	0.5	0.5	0.6	0.7	0.7	0.8	0.9	1.0	1.2	1.5	1.7	1.9
陕西省	0.5	0.5	0.5	0.5	0.5	0.5	0.5	0.5	0.6	0.7	0.7	0.7	0.8	0.8	0.9	0.9	0.9	1.0
甘肃省	0.3	0.3	0.3	0.3	0.3	0.3	0.4	0.4	0.4	0.5	0.5	0.6	0.6	0.7	0.7	0.8	0.8	0.9
青海省	0.4	0.4	0.4	0.5	0.5	0.5	0.5	0.5	0.6	0.6	0.6	0.8	0.8	0.8	0.8	0.9	1.0	1.0
宁夏回族自治区	0.3	0.3	—	—	0.2	0.2	0.2	0.2	0.3	0.3	0.3	0.3	0.3	0.3	0.3	0.4	0.4	0.4
新疆维吾尔自治区	0.3	0.3	0.3	0.3	0.4	0.4	0.4	0.4	0.4	0.5	0.4	0.5	0.5	0.5	0.5	0.5	0.5	0.5

资料来源：根据历年统计年鉴数据计算得出。

源的利用效率。我国能源利用效率的区域性差异对全国整体的能源效率产生了巨大的影响。针对各地区能源利用效率低下的现状进行分析，并因城施策、因地制宜，特别是对西北、东北地区进行相应的调控，便可以大幅度提高中国整体的能源利用效率。

6.3 我国能源矿产资源利用效率影响因素分析

6.3.1 能源矿产资源利用效率影响因素研究

关于能源利用效率影响因素的研究有很多，主要基于时间序列来分析能源利用效率区域差异和影响因素。Fisher - Vanden 等基于时间序列对中国2000年能源强度出现拐点的原因进行了分析。史丹等针对中国各地区能源利用效率的差异性进行了分析。曾胜和黄登仕认为能源效率与经济发展水平正相关，随着经济的不断发展，能源效率会逐渐提高。Lin 和 Polenske 通过实证研究，对中国宏观时间序列数据进行分析，认为技术的发展能大幅提升能源的利用效率，技术进步是能效提升的最主要原因。叶依广、孙林通过定性分析，认为技术进步能大幅提高能源的利用效率。马大来和汪克亮、杨力等认为我国经济正处于高速发展的阶段，与此同时，中国的城镇化水平也在不断提高，这在一定程度上对能源利用效率有着重要的影响。曾胜和靳景玉对能源消费结构进行研究，发现煤炭、石油、天然气在能源消费结构中的比例不同，则能源利用效率也会随之改变，并提出应该减少煤炭的消费量，提高石油和天然气等清洁能源的消费比例，从而提高能源利用效率。但也有学者不同意上述观点，如董利认为能源消费结构对能源效率的作用并不明显，能源效率的提高关键在于技术水平的提高。师博、沈坤荣认为政府干预影响了能源的区域分布情况，而且“搭便车”现象的存在致使我国部分地区能源效率低下，整体来看低于发达国家。Anderson 研究发现国家政策的市场化程度对能效的提升存在积极影响，市场化程度的提高可以在很大程度上促进能源利用效率的提升。

6.3.2 变量选取

影响能源效率的因素有很多，相关方面的研究也层出不穷，本章利用面板数据模型对能源效率影响因素进行实证分析，借鉴前人已有的研究，考虑到数据的可获得性，梳理出经济发展水平（*ES*）、技术进步（*TP*）、城镇化水平（*CL*）、能源矿产资源消费结构（*ST*）、政府干预度（*FR*）5个因素作为解释变量，把测算的能源矿产资源利用效率（*EE*）作为被解释变量，如表6-7所示。

表6-7 解释变量指标

变量名称	变量简称	变量指标
经济发展水平	*ES*	以1999年为基期的实际 *GDP* 的自然对数
技术进步	*TP*	各省的国内专利申请授权受理量个数的自然对数
城镇化水平	*CL*	城镇人口占总人口的比重
能源矿产资源消费结构	*ST*	地区煤炭消费占地区能源矿产资源消费总量的比重
政府干预度	*FR*	地方财政一般预算支出占地区生产总值比重

6.3.3 因素分析

以统计年鉴中的数据为原始数据进行计算，得出各省份1999—2017年各解释变量的值，再用Eviews软件进行面板数据回归，所得结果如表6-8所示。

表6-8 面板数据回归（1）

Variable	Coefficient	Std. Error	t-Statistic	Prob.
ES	0.404519	0.066215	6.109225	0.0000
TP	0.028088	0.036700	0.765339	0.4446
CL	1.696709	0.417564	4.063351	0.0001
ST	-0.310055	0.173458	-1.787493	0.0747
FR	-0.082270	0.358144	-0.229711	0.8185

续表

Variable	Coefficient	Std. Error	t - Statistic	Prob.
C	-3.515673	0.473692	-7.421847	0.0000
AR (1)	1.469956	0.039009	37.68238	0.0000
AR (2)	-0.392142	0.064737	-6.057496	0.0000
AR (3)	-0.122690	0.035658	-3.440752	0.0007
R - squared	0.979157	Mean dependent var		1.140995
Adjusted R - squared	0.978682	S. D. dependent var		0.666076
S. E. of regression	0.097252	Akaike info criterion		-1.508891
Sum squared resid	3.319710	Schwarz criterion		-1.411739
Log likelihood	280.6004	Hannan - Quinn criter.		-1.470262
F - statistic	2061.161	Durbin - Watson stat		1.953992
Prob (F - statistic)	0.000000			
Inverted AR Roots	.82 +.08i	.82 -.08i		-.18

对面板数据进行回归，结果显示模型的拟合优度为0.979157，调整后的拟合优度为0.978682，*F*统计量为2061.161，杜宾值为1.953992，回归方程成立。其中，经济发展水平、城镇化水平、能源矿产资源消费结构小于10%的显著性水平，说明这三个变量对我国省域能源矿产资源利用效率有着明显的影响。技术进步和政府干预度大于10%的显著性水平，表明这两个变量对我国省域能源矿产资源利用效率的影响并不显著，因此把*TP*和*FR*剔除后再进行回归，回归结果如表6-9所示。

表6-9 面板数据回归（2）

Variable	Coefficient	Std. Error	t - Statistic	Prob.
ES	0.445650	0.045210	9.857375	0.0000
CL	1.775404	0.414496	4.283285	0.0000
ST	-0.290364	0.166939	-1.739342	0.0828
C	-3.694714	0.419226	-8.813181	0.0000
AR (1)	1.558648	0.030728	50.72331	0.0000
AR (2)	-0.599446	0.029376	-20.40601	0.0000

续表

Variable	Coefficient	Std. Error	t – Statistic	Prob.
R – squared	0.978886	Mean dependent var		1.140995
Adjusted R – squared	0.978587	S. D. dependent var		0.666076
S. E. of regression	0.097467	Akaike info criterion		–1.510339
Sum squared resid	3.362947	Schwarz criterion		–1.445571
Log likelihood	277.8611	Hannan – Quinn criter.		–1.484586
F – statistic	3282.371	Durbin – Watson stat		2.063801
Prob (F – statistic)	0.000000			
Inverted AR Roots	.87	.69		

回归结果显示模型的拟合优度为0.978886，调整后的拟合优度为0.978587，*F*统计量为3282.371，杜宾值为2.063801，回归方程成立。其中，经济发展水平、城镇化水平、能源矿产资源消费结构小于10%的显著性水平，表明这三个变量对我国省域能源矿产资源利用效率有着显著的影响。回归方程如下：

$$EE = -3.694714 + 0.445650 \times ES + 1.775404 \times CL - 0.290364 \times ST$$

该结果表明经济发展水平和城镇化水平与我国能源矿产资源利用效率呈正相关关系，能源矿产资源消费结构与我国省域能源矿产资源利用效率呈负相关关系，并且该结果还反映了各个因素对能源矿产资源利用效率的影响程度。该结果先后通过了拟合优度检验和F检验，表明各个解释变量影响显著，所以回归模型成立。

各个变量对能源效率产生的结果如下：

（1）经济发展水平（*ES*）与能源矿产资源利用效率呈正相关关系。当其他因素没有改变时，经济发展水平每提高1个单位值，即GDP的自然对数每提高1个单位值时，能源效率平均提高0.445650个效率值。当一个省份的GDP越高，其对能源矿产资源的需求相对也越高。当对能源矿产资源的需求越高，其对应的供给也会越多。当能源矿产资源的需求增加，相关的生产和使用厂商便会扩大企业规模，使其产生规模经济效应，从而提升整体的能源利用效率。从我国能源矿产资源利用效率区域差异性研究中可看出，经济比较发达的东部地区能源利用效率普遍高于经济欠发达的中西部地区。东部地区的北京、广东、福建等经济发达的省市能源矿产资源利用效率位于全国前列，内蒙古、新疆、宁夏等西部地区经济欠发达，能源矿产资源利用效率远低于全国的平均值。出现这种情况的主要原因：一是东部地区经济条件相对其他地区较好，更有条件发展能源利用效率高、污染相对少的高新技术产业，并且这些地区的产业结构相对更为合理，而西部地区的经济条件相对东部较差，没有经济实力来发展这类高新技术企业。二是由于东西部地区经济实力相差悬殊，西部地区有强烈的发展经济的欲望，所以易盲目地引进东部地区一些能源利用效率低下且会产生重大污染但收益较好的企业，这种做法不仅严重污染了西部地区的生态环境，也导致西部地区低质量地消费能源矿产资源，从而降低了西部地区能源矿产资源利用效率。针对这种区域经济发展不均衡带来的能源矿产资源利用效率差异，东部和中西部地区要加强合作，东部地区在人才、资金与技术方面为中西部地区提供支持。政府要鼓励中西部地区的高新企业发展，在政策和资金方面为中西部地区提供支持。各个省份之间要加强合作，促进不同地域的产业关联发展。制定方案推动经济发达的地区带动周围经济相对不发达地区的发展，加大对振兴东北老工业基地、西部大开发、京津冀协同发展等战略的支持，让资源在全国各省之间更为流畅高效地流动。

（2）城镇化水平（*CL*）对能源矿产资源效率有正向影响。当城镇化水平每提高 1 个单位值时，能源效率平均上升 1. 775404 个单位。一般来讲，一个地区的城镇化水平较高，说明这个地区的经济发展相对较好，相反，一个地区的城镇化水平较低，说明该地区经济情况欠佳。近年来，我国经济高速发展，城镇化水平提高。从面板数据模型可以看出，城镇人口占总人口的比重每提高 1 个单位值，能源矿产资源的利用效率便会增加 1. 775404 个单位。通过具体分析可知，上海、北京和天津的城镇化水平较高，2016 年城镇人口占总人口数比重分别为 87. 89%、86. 52% 和

82.91%，2017年的比重分别为87.72%、86.50%和82.92%。城镇化水平较低的是贵州、云南、甘肃、新疆，这四个省2016年度城镇人口所占比重分别为44.16%、45.02%、44.67%、48.33%，2017年度的比重分别为46.03%、46.68%、46.38%和49.37%。综合分析城镇化水平和能源利用效率可知，上海、北京和天津的能源效率值远高于贵州、云南、甘肃、新疆。当一个地区的城镇化水平越高时，聚集的优秀人才便越多，经济条件也会越发达，相同的能源消费量的产出也会越高，从而带来的国民经济生产总值也越高。城镇化水平的提高能大幅促进能源矿产资源利用效率的增长。目前，由于我国土地面积大，人口数量众多，城镇化水平与经济发展水平相对西方国家还有很大的差距。需要注意的是，中国各区域的城镇化水平参差不齐，东部地区城镇化水平相对偏高，有些地区甚至达到65%以上，而中西部地区以下省份的城镇化水平仅为40%左右，总体来说，东部沿海地区城镇化的进程相对较快，中西部较慢。目前，中国整体上正处于工业化的中后期，中西部地区工业化的发展处于中期，然而部分东部地区经济发达的城市，如北京、上海、广州、深圳等，已经率先进入了工业化的后期。中部地区随着城镇化进程的不断推进，很可能会面临较大的能源约束。西部地区能源矿产资源与其他地区相比更为丰富，在短期之内几乎不会存在能源约束经济发展的情况，但是西部地区的能源矿产资源利用效率低，不仅造成了很大的能源浪费，而且在浪费的过程中会产生严重的环境污染，环境污染则会反过来阻碍西部地区的城市化进程。如果继续粗放式推进城镇化进程，能源矿产资源的供给和需求的矛盾就会越来越明显。在城镇化水平存在差异的基础上，充分考虑不同地区之间的差异情况，有针对性地推进城市化进程，能更高效地推动城镇化水平的提高，从而提升能源矿产资源利用效率。因此，发达的东部地区的城市应该充分利用城镇化水平高的优势，将优秀的人才、发达的经济等优势资源用到实处，促进能源矿产资源利用效率的提高。对于经济相对落后的中西部地区，政府应该在税收、基础设施建设等方面给予更多的支持，并鼓励一些环保型企业到西部发展，从而实现高质量加速推进西部城镇化进程的目的。

（3）能源矿产资源消费结构（*ST*）对能源效率产生消极影响。能源矿产资源消费结构越优，能源矿产资源利用效率越低。当其他影响因素不变时，煤炭、石油消费比重每上升 1 个百分点，能源效率将随之下降 0. 290364 个效率单位。一个地区的煤炭资源在能源矿产资源中的消费占比越大，能源矿产资源利用效率越低。北京、上海等地煤炭消费占总能源矿产资源比重相对较低，2016 年北京地区煤炭消费量占能源矿产资源消费总量的比重仅为 10. 52%，上海地区煤炭消费占能源矿产资源总消费量的 27. 91%，远低于全国平均水平，能源矿产资源利用效率相对较高。其他省份煤炭消费所占比重都在 35% 以上，其中山西、内蒙古、贵州的煤炭消费占能源矿产资源消费总量的比重与全国其他省份相比较高，2017 年煤炭消费占总能源矿产资源比重分别为 85. 99%、86. 93% 和 84. 89%，其所对应的能源矿产资源利用效率也较低。调整每个地区的煤炭、石油、天然气消费比重，降低煤炭的消费比例，提高天然气消费比重，会相应提高每单位能源消费量的贡献度，对于促进各个地区能源矿产资源利用效率的提高有着积极作用，从而能在整体上提高我国能源矿产资源利用效率。政府应该引导企业使用污染小、利用效率高的天然气等清洁能源，并且制定与能源相关的税收优惠政策，鼓励企业使用新能源设备和对节能降耗设备的投入。在经济稳步发展的前提下，逐步降低煤炭的消费量，同时提升天然气等清洁能源消费的比例，从而改善能源矿产资源消费结构，提升能源矿产资源的利用效率。

6. 4　本章小结

本章通过对 2001—2016 年的能源矿产资源消费总量及构成进行分析，可知我国的能源矿产资源消费总量逐渐增加，但近几年的增长率有所放缓。其中，煤炭的消费量占能源矿产资源总消费量 70% 以上，石油占能源矿产资源消费量的20%左右，而天然气占比在10%以下。近年来，煤炭的消费比重逐渐下降，而天然气的比重却大大增加，石油占比变化不大。由国际矿产能源消费量对比可知，发达国家主要以石油、天然气为一次能源结构，而我国却是世界上少有的以煤炭为主要能源的国家之一。美国的煤炭消费总量大幅度减小，中国煤炭的消费量增速明显，而且占全世界煤炭消费量的50%左右，是名副其实的煤炭消费大国，而其他大多数国家的煤炭消耗总量比较稳定，没有出现大幅度的变化。从石油资源消费量来看，美国900百万吨油当量的石油消费量占国际石油总消费量的20%左右，为世界石油消费量第一大国，中国位居第二，而且中国的石油消费总量仍在不断快速地上升，从2007年的377.7百万吨油当量增长到2017年的608百万吨油当量。中国石油消费量增长速度虽然为国际最快，但是中国的人均消费量明显低于其他国家。从天然气资源消费量来看，美国、俄罗斯、中国、伊朗、日本是天然气消费大国，其中美国天然气消费量最大，中国排名世界第三位，2017年消费量为206.7百万吨油当量，占世界石油消费总量的6.55%，并呈不断增长的趋势，但相对其他国家而言，人均消费量低于世界水平。

运用单要素方法测量的基于中国30个省份的能源矿产资源利用效率数据可知，区域能源矿产资源利用效率从高到低排列顺序为华北地区、华南地区、西南地区、华东地区、华中地区、东北地区、西北地区。2007—2017年，华北、华东、华中、东北、西南地区能源矿产资源利用效率不断增长，西北、东北地区利用效率增速不大。其中，能源矿产资源利用效率最高且增速最快的是北京，其次是广东省，但是内蒙古、新疆、山西、宁夏的矿产能源利用效率较低，且增速相对较慢。中国区域能源利用效率的差异性对中国整体能源效率低下有很大的影响。

通过建立面板数据模型就经济发展水平、城镇化水平和能源消费结构对我国能源矿产资源利用效率的影响和程度进行实证分析，得出以下结论：经济发展水平（*ES*）与能源矿产资源效率呈正相关关系，经济发展水平越高，该地区的能源矿产资源利用效率越高；城镇化水平（*CL*）对能源矿产资源效率有正向影响，城镇化水平越高则能源矿产资源利用效率越高；能源矿产资源消费结构（*ST*）对能源矿产资源利用效率产生消极影响，煤炭的消费量占能源矿产资源的总消费量越高，能源矿产资源的利用效率反而越低。要想提高能源矿产资源的利用效率，就要提高地区的经济发展水平，提高城镇化水平，降低煤炭资源在能源矿产资源消费总量中的占比。要努力消除中国各地区的能源矿产资源利用效率的差异，对效率非常低下的地区进行改造、提升，推动中国能源矿产资源利用效率的提升。

第 7 章
促进能源矿产资源合理开发利用的发展战略

国民经济发展所需的原料基本上都来源于能源矿产资源，可以说能源矿产资源决定着社会生产的发展速度，能源矿产资源的充分合理利用会产生极大的经济效益和发展动力。随着国民经济的不断发展，我国对能源矿产资源的需求量呈现持续增长的趋势，据预测，到2020年，我国将取代美国成为全球第一大矿产资源消费国。经济发展水平的迅速提高与能源矿产资源需求量增加之间的矛盾成为我国经济可持续发展的重要矛盾，同时，开采方式粗放、部分地区技术水平落后等因素对生态环境产生了一定的负面效应。因此，解决这一矛盾和保护生态环境的关键在于如何合理开发利用能源矿产资源，这也是实现经济可持续发展的重要要求。

经过长期的发展，我国为合理开发利用能源矿产资源采取了一系列措施，但在具体政策制定、企业开发利用过程、公众权益保障等方面仍存在不可忽视的问题。因此，需结合现实情况提出促进能源矿产资源合理开发利用的新型发展战略，以补足目前存在的空白点，保障能源矿产资源的开发利用与生态环境协调发展。

7.1 战略总体思路

在规范能源矿产合理开发利用行为的过程中，政府具备掌控战略全局的作用。政府通过完善能源矿产开发利用的法律政策、强化监管体制、明确中央与地方的权责，并运用财政税收调节方法规范企业开发利用行为，减少能源矿产开发利用对环境的破坏。

企业作为微观主体，既是能源矿产的直接开发者，又是对环境产生直接影响的行为人，企业需在现有的法律规定下从事开发经营活动。目前法律规定尚存在一些不足，这些不足可能会成为企业产生不合理开发利用行为的“漏洞”，追求暂时的利益而不顾社会效益并不能维系企业的长久发展，因此，企业应将自身的经济效益与社会效益结合起来，从内部出发，进行绿色开发生产，注重开发技术的更新和工艺的改进。

社会公众既是能源矿产的最终受用者，同时也是不当开发行为对环境产生负效应的最终承担者。社会公众可在信息公开透明的基础上积极参与日常事务的管理和决策，并通过信息反馈机制提出自己的建议，使政府制定的方针政策能够符合广大社会公众的利益。总体战略设计路径如图 7－1 所示。

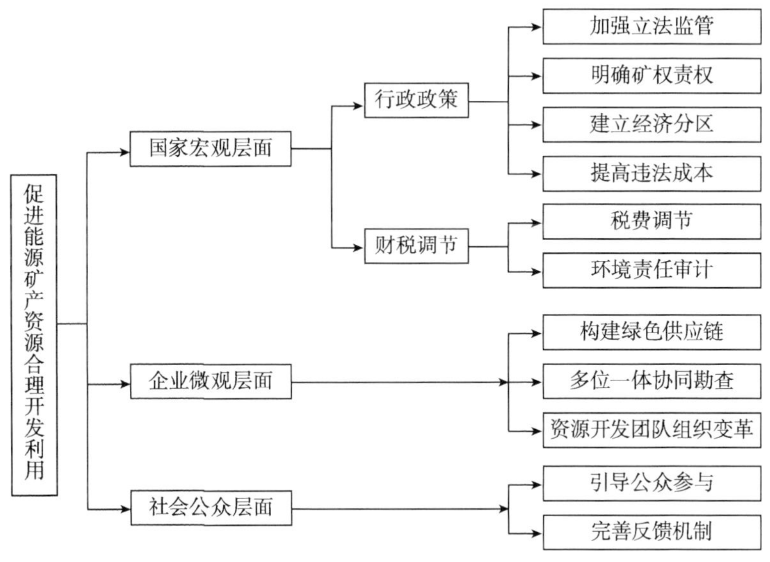

图 7－1　总体战略设计路径

7.2 战略设计原则

7.2.1 公平公正的原则

公平公正是指要以公平公正的态度看待各利益主体，并站在宏观的视角制定科学的能源矿产开发政策，合理分配各主体之间的利益，不得损害国家、集体的利益和社会公众的合法权益。

7.2.2 立足现状与未来发展趋势相结合的原则

站在企业的角度来说，促进能源矿产的合理开发利用仅仅通过加大能源矿产的勘查力度以扩大能源矿产企业开发经营、解决现有能源矿产的供需问题等途径是远远不够的。重要的是要提高开发团队的综合素质，并在立足企业开发、生产的现实问题和面临的外部环境基础上，结合未来能源矿产行业的发展趋势，改进开发技术和生产工艺，实现绿色生产经营。

7.2.3 补偿或惩罚与耗费对等的原则

在能源矿产开发利用的过程中，不同利益主体均在消耗历代人共有的资源。由于后代人拥有平等享有能源矿产资源的权利，考虑到能源矿产的不可再生性，当代人应对后代人造成的损失进行补偿。能源矿产开发企业粗放式的开采行为不仅对当地生态环境造成严重破坏，而且也给当地居民生活带来了极大的不便与损害。企业的不合理开发行为使当地居民丧失了环境权，因此，企业应对自身的行为负责，以承担更多的税费或接受应有的惩治作为企业对居民的补偿。为保证公平，补偿或惩罚金额的大小应依据居民遭受损失的程度而定。

7.2.4 从实际出发的原则

由于我国地区间经济发展水平的不均衡性，采用经济手段补偿或惩罚的金额应当针对不同地区的企业或其他主体实现差异化，既要考虑权益受损主体的利益，又要考虑能源矿产开发企业或其他造成损害行为主体的经济承受能力。长期以来，不同的能源矿产消耗程度不同，一些能源矿产可能相对稀缺，应从实际出发考虑补偿或惩罚的标准。

7.2.5　可持续发展的原则

能源矿产资源的开发和利用需同时考虑代内公平和代际公平，突出前瞻性，促进能源矿产所在地经济与生态的统筹发展。在企业开发生产中，应努力将废弃物转化为再生原料，废料经无害化处理后才准予排放。归属地方的税收收入可考虑用于地方经济建设，特别是高新技术产业的发展，以防对能源矿产依赖性较强的地区因资源耗竭而造成较大经济损失现象的发生。

7.3　促进能源矿产资源合理开发利用的发展战略

7.3.1　国家宏观层面

7.3.1.1　行政政策

（1）加强立法监管，实现职能分离。

我国能源矿产资源监督管理机构呈现分散化分布的特点，一些机构长期以来存在集政策拟定和政策执行职能于一体的现象，所制定的政策存在一定的疏漏，与市场、企业之间有脱节现象。基于以上事实，我国应实行政策制定主体、执行主体以及监管主体三者相分离的监管机制，充分保持各自的独立性。政策制定主体应分为中央和地方两个层面，在制定政策时，中央和地方应结合长期以来的政策实施成果和实践经验，对《矿产资源法》《环境保护法》等已执行的相关法律法规进行评估，分析当前存在的空白点，缩短法律法规的修订周期，尽早完善现存的法律体系。中央需对地方出台的政策予以指导，调整或废除与实际相脱节、执行力弱的方针政策。对于地方颁布的创新性政策执行后取得实质性成果的，中央可以借鉴并吸收其中的内容。

在执行环节，司法机关、工商行政管理部门、自然资源部等部门应运用经济、行政等手段共同参与政策的具体执行，以规范企业开发和最终消费行为。在实际执行过程中，可能存在因多部门参与而职权分工不明确、相互推诿的现象，因此需要设置跨部门、跨地区的协调组织机构以调解执行中的矛盾。这一组织机构可在省一级设立，由中央对组织机构的职权范围、事务处理流程和责任范围予以明确规定。

对于政策监管，除有关纪检监察部门，应鼓励市场、社会共同监督。能否有效共同监督取决于政策执行的透明度。市场主要负责通过经营发挥能源矿产资源的综合效益，可通过资源开发、使用、保护以及污染治理等多种途径进行经营。由于能源矿产并不为个人所有，具备公共属性，监察部门应对公众提出的法律法规不合理的部分以及监察工作中的不足进行回复，同时将信息反馈给上级主管部门，以进一步完善法律法规的修订。

（2）明确矿权责权范围，提高矿政管理水平。

我国能源矿产资源种类繁多，勘探开发主体较多，一些地区存在矿业权交叉重复的不合理现象。矿业权交叉重复是指采矿权和探矿权相互交叉重复的现象。有关调查显示，这一情况在我国山西省普遍存在，其次为安徽、云南、贵州三个地区。除此之外，采矿权的登记信息也存在有误情况，长此以往将导致资源开发技术效率的下降，阻碍能源矿产的有效开发利用，因此我国应从制度、流程上规范矿业权的管制。

针对此类情况，一方面，管理部门应严格依法执行审批程序，通过颁布法律法规明确授权发证的条件，统一能源矿产资源的开采规模、需运用的技术手段等要求，避免违背要求且缺少资质的开发企业因获取采矿权而造成经济和生态环境的重大损失；另一方面，需加强对矿业权的年检力度，在有效期内，监管部门年检应着重核查获得探矿权和采矿权的企业有无违反日常事务处理流程、拒不履行义务以及违背法律法规等不当行为。除此之外，监管部门还应不定期进行抽查，以规范、提高矿权管理水平和管理效率。

（3）建立经济分区，平衡能源资源分布和开发。

为促使区域间能源矿产的平衡分布，实现其合理开发，省级政府应进行统筹规划，根据在行政管辖区域内的能源矿产是否被纳入国家战略性资源，确定国家级能源矿产经济分区以及省级能源矿产经济分区，两种经济分区分别服从国家能源矿产发展战略和省级发展战略需要。省级发展战略应在符合国家战略的基础上作出详细规划。此后，在国家和省级经济分区的内部，详细划分禁止开发区、限制开发区和一般开发区三个不同的规划区。

合理划分规划区的前提是需对不同地区能源矿产的空间分布、资源储备量、资源开发程度以及资源与居民生产生活之间的关联度等因素进行恰当地评估和分析，而评估分析恰当与否与前期的准备工作有很大的关系，前期需要投入一定的人力、物力进行数据的采集和科学的统计研究。另外，不同省份应统一评估的口径和定量指标，避免造成因标准不一而盲目开发能源矿产的现象，统一的标准由国家政府部门制定核准，并形成书面文件下发给省级政府。

省级政府在完成评估分析以后，须将结果与国家统一标准进行比对，据以判断下属县（市、区）某种能源矿产储备量是否充足、是否符合开发的基本条件等。若无异议，则将该县（市、区）划分为一般开发区；若资源储备量严重短缺，则禁止开发；若资源储备量明显减少，但与当地居民生活密不可分，中断开发会对当地居民生活造成困扰，则在采取限制性开发措施的同时需发掘可替代的能源矿产资源。

整个实施过程中的评估数据和标准数据并不是静态不变的。能源矿产资源在不断地消耗，国家层面制定的标准会受到开发工艺水平、消耗量和储备量等因素的影响，省政府也应当结合当前能源矿产供求关系及区域内能源矿产的稀缺程度合理测算，这是一个长期的、不断变化的、循环的过程。

（4）提高违法成本，规范开发行为。

从违法者的角度来看，若违反法律获取的收益高于投入的成本，理性行为人则会做出违法行为；若投入成本较高，则会放弃违法行为。对于能源矿产开发的违法行为来说，我国很少追究开发主体的刑事责任，多数情况下只是给予警告、罚款、责令停产停业等行政处罚，因此存在违法收益大于成本的现象。在此背景下，我国应提高违法成本，规范开发行为。

一方面，应增加对刑事责任的追究。对为获取采矿权、探矿权而非法进行开发活动以及非法进行勘探工程、转让矿业权情节严重且造成较大经济、生态环境损失的，可依法追究刑事责任；对于违反法规情节较轻且未对经济、生态环境造成重大损失的，若屡禁不止，则视同犯罪，同样追究其刑事责任。另一方面，需提高罚款金额。其一，在合理测算违法时间段的基础上，除全额没收违法所得外，每日加收违法所得一定比例的罚款；其二，在违法期间发生多次违法行为的，可根据行为的严重性分别裁定罚款金额；其三，由于各地区经济发展水平不平衡，应实行差异化战略，按不同地区经济发展水平科学裁定罚款金额的上限和下限。

7.3.1.2　财税调节

（1）税费调节。

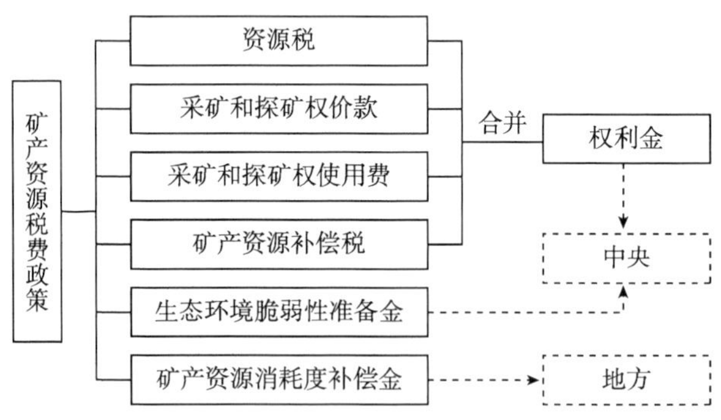

图7－2　矿产资源税费政策

针对我国现存矿产资源财政税收体制存在的不足，将矿产资源税费政策调整为如图 7 - 2 所示的税费政策结构体系。资源税、采矿和探矿权价款、采矿和探矿权使用费以及矿产资源补偿税合并成为权利金，按价格计征；增加生态环境脆弱性准备金，合理分配环境治理责任，使矿产资源开发对生态环境的破坏降至最低水平；另外，增加矿产资源消耗补偿金，按价格计征。矿种的消耗度等级权利金和生态环境脆弱性准备金收入归属于中央，矿产资源消耗度补偿金收入归属于地方，用于地方新兴产业的建设。

①权利金。

权利金是矿产资源所有者凭借其所有权从采矿人处取得因其丧失矿产使用权的补偿金。国家即矿产资源的所有者，在将矿产资源使用权出售给企业时，矿产资源便成为具有使用价值和价值属性的商品而流向市场，国家出让使用权的具体金额可依据矿产品的定价来确定。因此，权利金在反映矿产品价格的同时，也表现出国家对矿产资源的经济权益。

在国际市场上，权利金的计征方式主要有以下几种：一是从量计征，即以矿产资源开采量或矿区所占面积计算应征收的权利金，在这种情况下，无法体现市场上矿产品价格的变动对权利金征收金额产生的影响。矿产资源价格的涨跌应与取得的收益的变动方向相一致，国家获取的权利金作为收益的组成部分本应在一定程度上反映收益的变化，但事实并非如此。当矿产资源价格大幅上涨时，取得矿产资源使用权的开采者则会企图从中谋取利益。二是从价计征，即以矿产资源的开采价为计税基础，再考虑税率因素测算应计征的权利金。随着矿产资源价格的提升或降低，权利金也会受到相应的影响，此种征收方式更能体现国家对矿产资源的经济权益。三是按利润计征，即以所获得的开采利润为基础，并综合一定税率的计征方式。从地租理论的角度来看，以利润为基础的计征方式仅包括矿产资源的级差地租，忽视了绝对地租。从全世界范围来看，大部分国家采用的是从价计征权利金的方式，而从量计征主要存在于发展中国家，以所获利润为基础的计征方式主要为发达国家所用。

为体现国家对矿产资源的所有者权益，同时避免出现税目混淆和重复征税等问题，这里将资源税、采矿和探矿权价款、采矿和探矿权使用费以及矿产资源补偿税进行合并，统称为权利金，权利金收入本应归属国家所有，由中央政府代表其行使所有权。综合上述分析，我们认为权益金的征收应采用从价计征的方式，为避免开采环节造成的资源浪费，这里使用开采量代替产量进行计算，征收率的高低受开采条件、开采难易度、开采过程资源的消耗、矿产资源的稀缺程度等因素的影响，矿产资源价格可以由最终矿产品销售价格推算得出，具体测算过程如公式（7-1）、公式（7-2）所示。

$$\text{应纳权利金金额} = \text{矿产资源价格} \times \text{开采量} \times \text{征收比率} \quad (7-1)$$

$$\text{矿产资源价格} = \text{矿产品销售价格} - \text{矿产资源开采费} - \text{加工费} - \text{运杂费} - \text{污染处置、治理费} \quad (7-2)$$

②生态环境脆弱性准备金。

生态环境的脆弱性是自然力量与人类行为综合作用的结果。例如，地震、海啸、泥石流等自然灾害会引起生态系统的内部紊乱，而人类破坏性开采矿产资源的行为也会损害植被，带来水土流失、土壤污染等环境问题，两者均导致了生态环境的脆弱性风险。生态环境脆弱性准备金是从谨慎的角度出发，依据“谁开采，谁治理”的原则，针对可能对生态环境造成危害的开采行为，根据最终矿产品的销售价格和提取比例提取一定的准备金，由矿产资源开发企业自行缴纳，若企业故意拖延缴纳准备金，可按一定的比例加收滞纳金。

$$\text{应计提的生态环境脆弱性准备金} = \text{矿产品销售价格} \times \text{计提比例} \quad (7-3)$$

在征收生态环境脆弱性准备金这一过程中，关键在于如何判断企业开采矿产资源的行为会导致生态破坏和环境污染。为统一征收标准和实现科学征收，国家应成立专门的负责部门对企业造成的生态脆弱性进行测算和评估。当企业取得采矿权并开始开发矿产资源时，应对当前的生态现状、开发过程中可能产生的损害以及开发后的防治措施形成书面报告提交有关部门进行审核，经有关部门审核通过后方可进行开采。开采工作结束后，有关部门应根据设定的生态环境脆弱性指标对开发矿区周边的生态环境进行评估，若企业开采行为未造成生态环境的严重破坏，则准予返还计提的准备金；当企业的开采行为对环境造成的损害超出预期时，有关部门应测算出企业应承担的治理费用，若实际应承担的治理费用扣减计提的准备金后仍有余额，则退还余额；若实际承担的治理费用大于计提的准备金，则企业应进行补缴。

③矿产资源消耗度补偿金。

矿产资源应由后代人延续使用，不可仅根据当代人的需求肆意开发。考虑矿产资源的非可再生性，当代人理所应当对后代人进行矿产资源的价值补偿。另外，我国矿产资源种类繁多，地理分布呈现不均衡的特点，如石油资源基本集中在我国东部、西部以及近海三大区域，而煤炭资源主要分布在山西、内蒙古等地区，各地区充分运用自身得天独厚的资源优势，形成本地区的优势产业以带动当地经济发展。但长期以来，这些地区存在着过度依赖优势资源开发的现象，导致优势资源快速消耗，一旦当地资源储备量不足，产业链便会断裂，经济发展将会受到严重影响。因此，建立矿产资源消耗度补偿金的规定可在一定程度上解决这一问题，补偿金收入归属于地方政府，地方政府可将补偿金收入投入到生物、新材料、新能源等新兴产业的建设上，以弥补当地矿产资源消耗对未来经济可能造成的损失，实现地方经济良性可持续发展。

具体来说，矿产资源消耗度补偿金的金额根据矿产资源的消耗程度而定。各级政府相关部门应核定当地待开采矿种的储备量，评定该矿种的消耗度等级，不同矿种消耗度等级对应不同的征收比率，等级越高则稀缺程度越明显，征收比率也相应越高。具体计算如公式（7－4）所示：

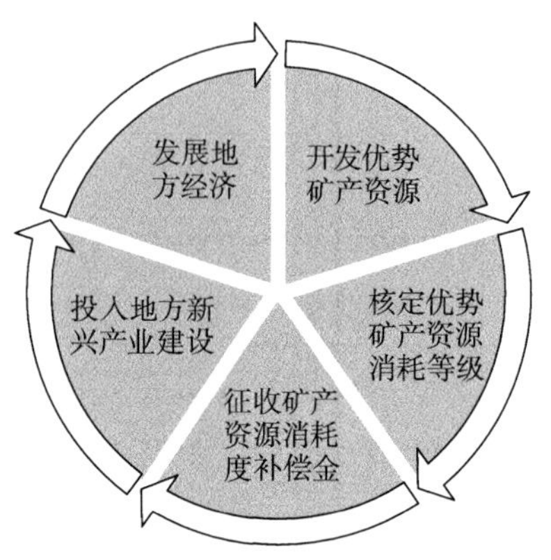

图 7－3　地方经济良性可持续发展

$$\text{矿产资源消耗度补偿金金额} = \text{矿产资源价格} \times \text{开采量} \times \text{消耗度等级对应征收比率} \quad (7-4)$$

（2）加强企业环境责任审计，减少环境污染风险。

强化能源矿产资源开发企业环境责任审计，可规范企业开发行为，对其环境活动起到约束作用，可降低其因肆意开发行为而导致环境严重污染的风险。能源矿产开发企业的环境责任审计旨在核查被审计企业在开发、经营管理过程中是否兼顾经济效益和社会效益，是否将生态环境的保护列入其管理目标当中。为实现能源矿产企业环境责任的有效审计，需明确审计的总体目标和具体目标，如图 7－4 所示。

企业环境责任的具体审计内容可包括相关资产、负债财务资料的核查、对通过多种途径收集的非财务信息进行检查、使用环保资金的考核与评价、环境信息披露的完整性检查、能源矿产资源消耗信息的审查、法律法规制定和执行偏差的检验和评价、资源环境恢复治理内部控制机制有效性的审查等方面。

环境责任的认定涉及企业法人代表的责任认定和主要领导者的责任认定两部分。企业法人代表应为企业开发、生产、经营的首要负责人，如若违背国家颁布的法律法规、直接或间接授意他人私自占用环保专项资金导致生态环境遭到破坏且情节严重构成犯罪的，应承担刑事责任；

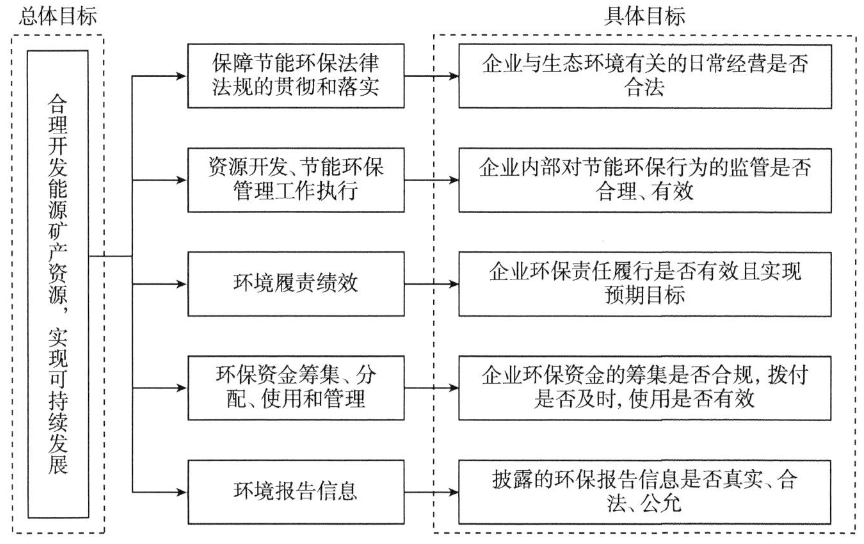

图 7－4　企业环境责任审计目标

若违反操作规则使企业和生态环境造成轻度损失和损伤，则给予相应的行政处罚；若所犯过错属于无心过失且未造成严重后果，则须承担民事责任，赔偿一定的损失。主要领导者承担的责任大小因其职位的高低而异，若因其决策失误、有意违反法律、授意他人作出违反行为的，应承担直接责任；若主要领导者在任职期间未指出下属员工的失职行为或违规行为而导致外部生态环境遭到严重破坏、能源矿产大量流失的，应承担连带责任。

7.3.2　企业微观层面

7.3.2.1　构建绿色供应链，实现绿色开发生产

UNEP 曾提出，若要兼顾环境目标及企业利益相关者的要求，不能只从企业内部的角度着手准备环境计划，还应将供应链企业作为重要组成部分加以考虑。与传统供应链企业相比，绿色供应链管理将节能和环保的理念融入其中，以实现经济效益和社会效益的统一为目标，并从最初采购到最终消费的环节传递环境保护和资源节约的有效信息。对于大

多数能源矿产企业而言，目前均采用能源矿产高度消耗的模式，其管理目标主要还是通过控制成本、提高经营效率以增长企业经营效益，这种将企业与社会、生态可持续发展相隔离的经营模式使企业在能源矿产资源的勘探、开采、选矿、冶炼、加工等环节产生了大量有害环境的废弃物，大大超出了环境承载力，因此能源矿产开发企业构建绿色供应链势在必行。

在构建绿色供应链时，企业可参考以下步骤进行绿色供应链的设计：第一，应当分析其面临的外部环境，包括宏观经济、法律法规、社会文化、技术手段等诸多因素以及行业内存在的竞争状况；第二，企业需对目前内部现状做出判断和分析，发现当前供应链存在的不足，初步思考构建绿色供应链的大致方向，在推行过程中可能会存在哪些阻碍，预期能够提出何种应对措施；第三，根据企业当前的现实状况初步设计供应链的具体项目；第四，提出构建目的，旨在降低成本的同时注重企业肩负的社会责任，兼顾实现经济效益与社会效益；第五，初步构建绿色供应链，形成基本方案；第六，分析推行绿色供应链过程中所必需的技术手段，并根据现有条件验证其可行性；第七，构建绿色供应链，分析所构建的绿色供应链各组成要素及关键环节；第八，综合检测所设计的绿色供应链，并在正式投入企业日常经营管理之前试运行。绿色供应链的具体设计流程如图 7 –5 所示。

在绿色供应链中，供应商是原材料、燃料、动力等的提供者，企业应从绿色清洁的角度出发，采购未对环境产生污染的材料，且该材料耗能低、可回收，以保证后续产品生产的相对清洁性，并在运输环节与供应商达成节能环保的一致约定。在生产环节，企业应改进落后的传统开采、冶炼工艺，引进新技术和新设备，新建污染物处理站和相关设施，使废弃物经过处理后能够继续投入生产系统，节约能源矿产的使用。在绿色回收环节，企业可对能源矿产资源开采时产生的尾矿进行回收，运用新工艺加以综合利用，对开发工作完结后的矿坑进行适当处理。由此

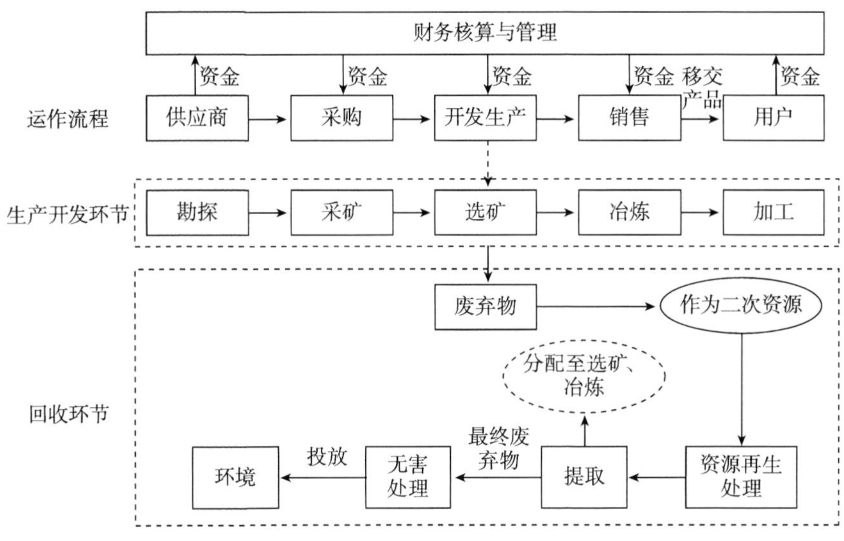

图 7－5　绿色供应链设计流程

可见，绿色供应链管理可减少中间过程能源矿产资源的耗用，回收再利用过程不仅满足了企业生产、开发的内需，还对能源矿产资源的合理开发有一定的促进和调控作用。

7.3.2.2　加大勘查力度，实现多位一体协同勘查

由于目前矿区存在乱采滥挖的现象，矿区开采率不高，许多优质性能的能源矿产资源尚未被挖掘，因此与这类资源相关的传统产业升级将会受到制约，从而导致出现因技术落后而耗费大量能源和资源的现象。针对这一现象，企业应当加大勘查力度，同时发展、应用先进的空矿区勘探技术寻找残留的矿产资源。但在勘查的过程中，需将因施工槽探、大型机械施工等方面对生态环境造成破坏的可能性降至最低。

另外，传统勘查方案往往是以某种能源矿产为主体展开勘探项目，这种做法并不符合可持续发展和经济、社会效益统筹发展的原则，会导致勘探效率的降低和其他资源的浪费。针对这一现象，应在综合运用物探、钻探等技术的基础上进行多种能源矿产的协同勘查，以实现能源矿产的最大化利用。举例来说，煤系矿产资源中存在着除主矿产煤以外的

伴生、共生矿产，如高岭土、油页岩等矿产资源。煤作为主矿产，其地位并不是不可变动的，在一些情况下，除煤以外的煤系矿产的实际价值可能大于煤自身，具有广阔的发展前景。目前，传统产业技术的优化升级为改进和广泛应用以大量高岭土等矿产资源为高分子材料和高分子基复合材料的工艺提供了契机，同样，此类矿产资源发展也带动了传统产业的更新换代。这样一来，若以煤为主体而将其他矿产资源相隔离，会使上述有益的“连锁反应”受到阻碍。

7.3.2.3 促进资源开发团队组织变革，提高团队综合水平

企业内部高质量的资源开发团队对企业提高经营绩效、提升行业整体开发水平、促进能源矿产合理开发以及保护外部生态环境至关重要。企业在组建能源矿产开发团队时，需考虑团队成员的综合素质，包括专业能力、工作态度、价值理念等，这些因素会影响最终能源矿产开发所取得的经济效益和社会效益，尤其是在生态环境方面的效益。在专业上，需要物理、地质、遥感等不同学科专家们的广泛参与。价值理念会在工作中具体体现为个人的工作方法、开发工作的出发点以及优先考虑的开发方向等内容。

企业应摒弃传统的层级机械式组织模式，以防滋生官僚化倾向。以能源矿产品种或其所在矿区为单元组建开发团队，将勘探、购置等权力下放至具体团队，避免权力的高度集中。各团队内部配备若干职能型工作人员，如人力、财务等，这样一来，可将传统的职能部门分散开来，减少因开发团队与整个职能部门信息闭塞而导致工作效率低下情况的发生。各团队之间也不是相互隔离的状态，团队与团队之间针对不同能源矿产开发技术和开发项目定期组织探讨和交流，促进整体业务水平的提高和复合型人才的培养。若某个团队成员拥有了先进技术和工艺，可向其他团队进行传递，传递的及时性和有效性可通过设置奖励机制加以保障。

7.3.3　社会公众层面

7.3.3.1　引导公众参与，提高社会意识

仅依靠法律采取强制性措施无法从根本上解决问题，举例来说，石油管道分布较长，一旦疏漏就会导致环境的严重污染，给当地居民生活造成不良影响。若公众意识到问题的危害性，那么当发现问题时，就会第一时间反馈给有关部门，将损害降至最低；若公众听之任之，最终造成的损失将不可估量。促进能源矿产资源合理开发应从意识形态出发，调动广大公众参与事务处理的积极性，提高社会公众对合理开发能源矿产资源和保护生态环境的认知。

公众、政府和社会组织构成了公众参与的三大关键组成部分，三者共同形成了多元主体参与网络。政府应发挥主导作用，制定合理的法律法规，健全公众权益保障机制，通过宣传教育等途径，引导公众广泛参与，促进社会公众节能环保意识的提高。同时民间组织需发挥纽带作用，广泛吸纳公众，扩大公众的参与范围。公众参与方式如图 7－6 所示。

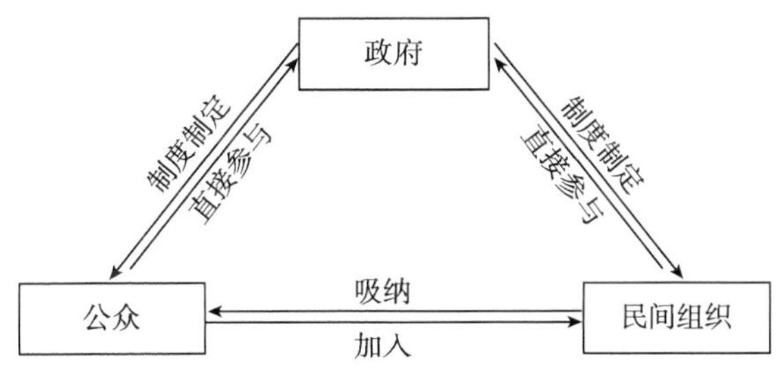

图 7－6　公众参与方式

在参与的过程中，公众享有对信息的知情权，因此实行信息公开机制是保障公众有效参与的前提。公开的信息主要涉及三个方面：一是参与能源矿产开发管理的信息，包括能源矿产的开发现状、可能对环境造成的影响、实现的目标、管理工作的内容和程序等；二是公众参与能源矿产开发管理的全过程，包括公众参与管理工作的进度以及定期已完

成、未完成的工作量；三是解决纠纷的方式和结果，这是实现信息透明的关键所在。信息的发布渠道既可以是报刊、网络等媒体，也可以通过访谈、会议等方式进行。

7.3.3.2 完善反馈机制，科学管理决策

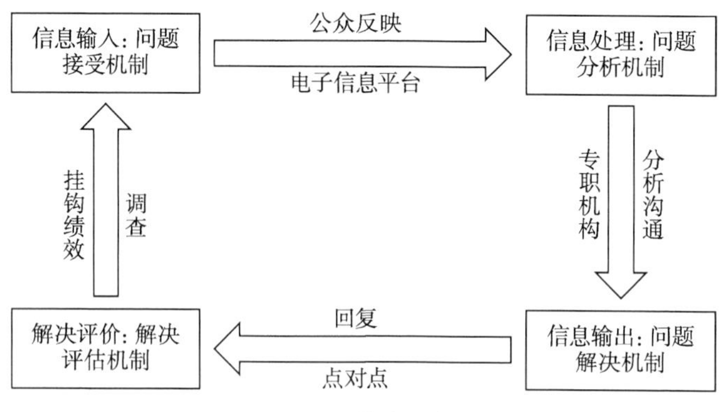

图7－7 信息反馈机制

公众及时反馈问题可为科学合理决策提供依据。为了在信息公开的基础上实现公众反馈过程的畅通，完善信息反馈机制是必不可少的条件。信息反馈机制可依据“信息输入—信息处理—信息输出—信息评价”的思路设置四个子机制，分别为问题接受机制、问题分析机制、问题解决机制、解决评估机制。在问题接受机制中，公众通过建立电子信息平台发表对能源矿产开发的看法或对政府有关部门在实际管理中存在的问题等多方面内容，这些信息将会被分类，以便后续分析环节的推进。

此后，在问题分析机制中，政府设置的专职部门和相关人员会根据公众提供的信息分析现象存在的原因，并与管理部门及时沟通，将问题的解决办法和解决程序规范化、制度化。问题解决机制主要在于分析问题后，采取点对点的方式给予公众官方回复，在这一过程中，回复的途径和内容是多样化的。回复的途径包括在各种媒体发布官方回复公告的基础上，再通过信息平台回复特定公众，也可以根据公众预留的联系方

式予以告知，以防出现信息不对称的情况。在回复内容上，可为公众提供多种解决问题的方案，公众可依据实际情况做出符合自身利益的选择，再将自己的意见通过电子信息平台等途径进行二次反馈，以形成最优的解决方案。为了更充分地了解公众对处理结果的满意度，应调查公众对问题解决效率和效果等多方面的满意度，调查结果与政府部门专职人员的绩效挂钩，这也是解决评估机制的主要内容。

第 8 章
研究结论与展望

8.1 主要研究结论

在世界经济发展中，能源矿产是一种重要物资，对国家安全而言，能源矿产资源是重要保证。虽然我国能源矿产资源有一定的丰度，但相对而言，我国能源矿产资源不仅数量贫乏，而且勘探开发难度日趋增大。我国能源矿产具有矿种齐全、总量可观、人均拥有量少、能源结构不合理、区域分布不平衡和质量偏差等特征，在开发利用中存在后备储量不足、供需矛盾突出、资源破坏浪费严重、消耗高、效率低和重污染环境等问题。同时，能源矿产资源本身存在稀缺性和耗竭性的特点，给我国矿产资源的开采带来了一定的困难。近年来，随着我国工业化的推进，很多密集型加工行业实现了大规模扩张，推动我国经济发展速度快速提升，使得国家对能源矿产越发依赖，对矿产品的需求不断增加。目前，我国战略地位的稳定性与能源矿产资源的发展密切相关，如何制定能源政策，将直接影响我国经济发展质量。

本书将煤炭、石油、天然气等统一列为能源矿产进行研究，并对这些能源矿产的开发效率及利用效率进行实证分析，经过数据分析和理论分析，提出促进能源矿产资源合理开发利用的发展战略。根据研究，得出以下结论：

我国的能源矿产资源消费总量逐渐增加，但近几年的增长率有所放缓。其中，煤炭的消费量占能源矿产资源总消费量的 70% 以上，石油占能源矿产资源消费量的 20% 左右，位居第二，而天然气占比在 10% 以下。近年来，煤炭的消费比重有所下降，而天然气的比重却在大幅增加，石油占比变化不大。

从矿产能源消费量的国际比较来看，发现发达国家主要以石油、天然气为一次能源，但中国则以煤炭作为主要能源。我国是名副其实的煤炭消费大国，而其他大多数国家的煤炭消耗总量比较稳定，没有出现很大幅度的改变。自“煤改气”政策实施后，热度居高不下，媒体纷纷报道煤炭产业跌入冰谷，但这只是表面现象，事实上煤炭仍然是全球能源系统的核心。中国典型的特点就是地域广阔，在气候上的差异性较大，这导致我国高原、北方等区域没有办法实施“煤改气”和“煤改电”的改革，同时这些地区的发展也离不开煤炭的支持。根据《全球煤炭市场报告（2018—2023）》：在接下来的五年里，全球的煤炭需求量会处于稳定的状态。这无疑是一剂强心针。但是报告中也指出，煤炭的未来取决于对其清洁利用的程度。因此，煤的清洁燃烧与高效利用是煤炭行业的瓶颈，一旦突破技术难关，煤炭行业将迎来第二春。

从石油资源消费量来看，美国的石油消费量占国际石油总消费量的 20% 左右，位居世界第一，地大物博的中国位居第二，并且石油消费总量在不断快速上升，从 2007 年的 377. 7 百万吨油当量上涨到 2017 年的 608 百万吨油当量。中国石油消费量增长速度虽为国际最快，但是人均消费量明显低于其他国家。

另外，我国对于进口石油的依赖已经到了难以扭转的程度，长期以来，我国一直通过进口他国的石油能源来促进国民经济的可持续发展。然而目前我国的能源技术依旧没有取得突破性进展，如此一来，为了保障我国的石油安全，必须确保在进口方面的安全问题。为消除目前我国石油进口存在的安全隐患，在保护石油进口安全层面上，油气勘探要落实“稳住东部、扩展西部、开拓海域、做好油气并举”的行动，我国要致力于开拓全新的领域，并在此过程中不断突破。关于这方面有以下几个要点：

第一，要提高国家在“石油外交”方面的综合竞争力，积极协调与石油生产国之间的关系，并在石油贸易中占据重要地位，通过积极的“外交”来保障我国石油进口的安全性，保证来源的稳定性。

第二，在与美国及东南亚等国家的往来中，保持友好关系。同时，要不断扩大海军及油轮的规模，保障石油的运输安全。

第三，对国内的定价机制进行完善，规避不合理的定价方式，进一步发展整个石油期货市场。在国际油价出现剧烈波动，造成石油进口受到冲击时，这些措施可以有效减少损失。

第四，中国必须尽快构建符合本国特色的、具有战略意义的石油储备体系。

从天然气资源消费量来看，美国、俄罗斯、中国、伊朗、日本是天然气消费大国，其中美国天然气消费量最大，中国排名世界第三位，2017 年消费量为 206.7 百万吨油当量，占世界天然气消费总量的 6.55%，并呈不断增长的趋势。由此可见，我国天然气需求在不断增加，导致供不应求矛盾加剧。目前天然气的探明储量和开采量在世界范围内均处于上升态势。这是由于世界各国越来越重视环境的保护，减少了石油等能源的使用，改用天然气，以响应环境规制的号召。2019 年，我国对天然气的需求量不断增长，这离不开环保因素的推动作用，根据预估，天然气的总体消费量将不少于 3080 亿立方米，比 2018 年同比增长了 11.4%。与此同时，国内的天然气产量增长平稳、进口气量继续保持较高增速，天然气对外依存度升至 46.4%。根据预测，2019 年全年我国的天然气市场会处于供需平衡的状态。国家在储气调峰体系的建立上会投入更多的精力，致力于改善季节性供需矛盾。根据消费结构，现在我国主要在化工、开采油气田、发电等一些工业部门使用天然气，这些部门的天然气消耗量占总消费量的 87% 强。虽然我国在天然气的开发上花费了很多精力，但现实中天然气的开拓困难重重，光是构建城市的配气管网、开拓新的用气项目等工程就耗资巨大。

综合各个能源矿产资源来看，我国人均消费量低于世界水平。根据本书通过单要素方法测量的基于我国 30 个省份的能源矿产资源利用效率数据可知，区域能源矿产资源利用效率从高到低排列顺序为华北地区、华南地区、西南地区、华东地区、华中地区、东北地区、西北地区。2007—2017 年，华北、华东、华中、东北、西南地区能源矿产资源利用效率在不断增长，西北、东北地区利用效率增速不大。其中，能源矿产资源利用效率最高并且增速最快的是北京市，其次是广东省。但是内蒙古、新疆、山西、宁夏的矿产能源利用效率最低，且增速相对较慢，这是因为我国能源的区域差异性导致了能源效率的不同，从而在一定程度上影响了全国总体的能源效率。通过建立面板数据模型对经济发展水平、城镇化水平和能源消费结构对我国能源矿产资源利用效率的影响方向和程度实证分析，得出以下结论：经济发展水平（*ES*）与能源矿产资源效率呈正相关关系，经济发展水平越高，则该地区的能源矿产资源利用效率越高；城镇化水平（*CL*）对能源矿产资源效率有正向影响，城镇化水平越高，则能源矿产资源利用效率越高；能源矿产资源消费结构（*ST*）对能源矿产资源利用效率产生消极影响，煤炭的消费量占总能源矿产资源的消费量越高，则能源矿产资源的利用效率反而越低。

综上所述，要想提高能源矿产资源的利用效率，就要提高地区的经济发展水平、城镇化水平或降低煤炭资源在能源矿产资源消费总量中的占比，努力消除我国各地区的能源矿产资源利用效率的差异，对效率非常低下的地区进行改造提升，进而提升我国能源矿产资源的整体利用效率。促进可再生能源的利用效率，减少煤炭等能源消耗所造成的污染，加大清洁能源的使用，优化我国能源结构。目前我国新能源及可再生能源具有良好的发展前景，如天然气，我国的层气储量可观，仅待开发的层气就占比达60%，这与陆上较为常规的天然气数量相当。除此之外，清洁性高的能源，如海底可燃冰，储量也非常丰富且具有巨大的开发潜力。这些能源的开采和使用，势必会逐渐替代石油等污染性较高的能源。

对于能源矿产资源的开发及利用，应当积极地利用多方面的力量。在国家层面，政府可以通过完善能源矿产资源开发利用的法律政策、加强立法监管、明确矿权责权范围，建立经济分区，平衡能源资源分布和开发，并运用财政税收调节政策规范企业开发利用行为。在企业层面，企业应当将自身的经济效益与社会效益结合起来，从内部出发，进行绿色开发生产。在社会公众层面，作为能源矿产的最终受用者，社会公众也是环境污染的最终承担者。社会公众可在信息公开透明的基础上积极参与日常事务的管理和决策，提高社会意识，完善反馈机制并根据信息反馈机制提出自己的建议，科学管理决策。通过多方面的共同作用，全方位地把控各个层面，从根本上提高能源矿产资源的开发及利用效率。

8.2 未来研究方向

目前，关于能源矿产资源开发和利用效率的研究相对较少，内容粗浅并有待进一步研究。本书对我国能源矿产资源开发和利用效率进行了初步研究，旨在通过实证数据量化效率，推动该领域的研究继续深入，但由于该领域的研究要求研究者要有跨学科的研究基础，限于笔者研究水平和资料，书中尚有诸多不尽如人意之处，有待进一步完善和提高。

（1）在我国能源矿产资源的综合承载力研究中，由于涉及资源环境学科的多个专业，加之无法得到国土资源相关部门的信息支持（或许有涉密因素），难以收集到完整齐全的数据，尽管已掌握了一些模型和计算方法，但由于缺乏更充分的数据，故在定量分析方面存在不足。

信息不对称对本研究的深度和精度造成了一定程度的影响，使最终得出的结论较为粗浅。实际上，对这一问题的研究具有较强的实用性和现实针对性，特别是关于如何提高我国能源矿产资源承载力的研究尚为空白。因此，在我国矿产资源综合承载力问题上亟待进一步深入研究。总体来看，我国能源矿产资源开发及利用体系的构建涉及多个交叉性、综合性的研究领域，横跨了多个学科，还有很多地方需要继续深入研究。

（2）从整体技术路线上分析，本书在为论点提供论据支撑的过程中，受所选用实例的数据可得性所限，书中多处论据既不能从宏观经济整体出发，也不能概括性地提供全面的信息，只是从微观经济主体的部分企业或能源矿产中的个例出发，所提供的数据也多为局部信息，有以偏概全之嫌，降低了论点的说服力。因此，在今后的研究中还需要进一步搜集材料，掌握更全面的信息，深化该领域的研究。

参考文献

[1]丁子信．中国能源矿产开发利用的经济学分析[D]．中央民族大学,2007.

[2]黎江峰．中国战略性能源矿产资源安全评估与调控研究[D]．中国地质大学,2018.

[3]陈丽萍．中国能源矿产可持续问题研究框架[J]．国土资源情报,2005(4):12－17.

[4]孔凡玲,郭传东．中国新能源上市公司竞争力评价[J]．经济师,2013(4):109－110.

[5]孙晓猛,郝福江．中国能源矿产态势与可持续开发利用对策[J]．资源开发与市场,2002,18(5):20－23.

[6]王峰,王澍．资源有偿使用制度下的我国矿业税费设计[J]．中国矿业,2014,23(11):76－78.

[7]周衍安,汪应宏,王辉,等．矿产资源税的现状分析与复合式计征方式的设计[J]．中国矿业,2011,20(10):16－20.

[8]张炳雷,刘嘉琳．资源税对能源矿产资源的利用效果:制度导向与趋势判断[J]．财经问题研究,2017(7):73－80.

[9]王飞．资源矿产战略评价模型与实证研究[D]．中国地质大学,2013.

[10]范军．我国锂矿资源开发及产业发展策略研究[D]．中国地质大学,2016.

[11]王保忠,何炼成,李忠民．我国煤炭资源开发与“资源诅咒”效应再检验——以晋陕蒙三省为例[J]．技术经济,2012,31(7):104－110.

[12]王桂云．我国资源型城市可持续发展的地方政府治理研究[D]．兰州大学,2011.

[13]冯宇．资源约束效应研究——以西北地区矿业开发为例[D]．中国地质大学,2010.

[14]王登红,王瑞江,李建康,等．中国三稀矿产资源战略调查研究进展综述[J]．中国地质,2013,40(2):361－370.

[15]江君妍．矿产企业环境责任的审计评价研究[D]．黑龙江八一农垦大学,2018.

[16]申亚波．基于 IPAT－LMDI 模型的中国区域能源效率分解研究[D]．华北电力大学,2017.

[17]余倩．新疆能源消费结构及其对能源效率影响的实证研究[D]．新疆财经大学,2015.

[18]Fisher－Vanden K., G. H. Jefferson, Liu H. et al. What is Driving China's Decline in Energy Intensity? [J]. *Resource and Energy Economics*,2004,26(1):77－97.

[19]史丹,吴利学,傅晓霞,吴滨．中国能源效率地区差异及其成因研究——基于随机前沿生产函数的方差分解[J]．管理世界,2008(2):35－43.

[20]曾胜,黄登仕．中国能源消费、经济增长与能源效率——基于1980—2007年的实证分析[J]．数量经济技术经济研究,2009,26(8):17－28.

[21]Lin X., K. R. Polenske. Input－output Anatomy of China's Energy Use Change in the 1980s[J]. *Economic System Research*,1995,7(1):67－84.

[22]叶依广,孙林．资源效率与科技创新[J]．中国人口·资源与环境,2002(6):15－17.

[23]马大来．中国区域碳排放效率及其影响因素的空间计量研究[D]．重庆大学,2015.

[24]汪克亮,杨力,杨宝臣,程云鹤．能源经济效率、能源环境绩效与区域

经济增长[J]. 管理科学,2013,26(3):86-99.

[25]曾胜,靳景玉. 能源消费结构视角下的中国能源效率研究[J]. 经济学动态,2013(4):82-88.

[26]董利. 我国能源效率变化趋势的影响因素分析[J]. 产化经济研究,2008(1):8-17.

[27]师傅,什坤荣. 政府干预、经济集聚与能源效率[J]. 管理世界,2013(10):6-18.

[28]Anderson D. Energy Efficiency and the Economists: the Case for A Policy Based on Economic Principles[J]. Annual Review of Energy and the Environment, 1995, 20 (1).

[29]赵淑芹,刘倩. 基于 DEA 的矿产资源开发利用生态效率评价[J]. 中国矿业,2014,23(1):54-57,103.

[30]安贵鑫,彭修娟. 基于 DEA 的石油资源开发效率评价[J]. 工业技术经济,2009,28(1):65-68.

[31]尧志祥. 江西省各地市矿产资源开发生态效率评价研究[J]. 产业经济,2018,13(6):15-16.

[32]赵军伟,郭敏. 矿产资源开发利用效率评价构想[J]. 中国矿业,2012,21(8):60-63.

[33]罗德江,姚霖. 矿产资源开发效率模糊综合评价模型[J]. 桂林理工大学学报,2014,34(4):636-640.

[34]蒋春林. 基于模糊综合评判模型的区域水资源承载力评价[J]. 水利科技与经济,2015,21(12):1-3.

[35]宋月,郭辉. 新疆水资源承载力综合评价研究[J]. 新疆师范大学学报(自然科学版),2014(4):1-8.

[36]雷艳娇,葛强. 云南省地市(州)水资源承载力模糊综合评判[J]. 人民珠江,2016,37(4):21-24.

[37]郑羽,庞昌伟. 俄罗斯能源外交与中俄油气合作[M]. 北京:世界知识出版社,2003.

[38]马中．环境和资源经济学概论[M]．北京:高等教育出版社,1999.

[39]秦德先,刘春学．矿产资源经济学[M]．北京:科学出版社,2002.

[40]程叶青．矿业区域矿产资源开发与经济持续发展研究[J]．资源科学,2004(6).

[41]谷树忠,等．国家能源、矿产资源安全的功能区划与西部地区的定位[J]．地球科学进展,2002(9).

[42]王常文．资源稀缺理论与可持续发展[J]．当代经济,2005(4).

[43]魏晓平,等．矿产资源最适耗竭经济分析[J]．中国管理科学,2002(10).

[44]程国栋．承载力概念的演变及西北水资源的应用框架[J]．冰川冻土,2002(4).

[45]胡燕京．中国经济可持续发展中的财政政策研究[D]．中国海洋大学,2004.

[46]曹秋辰．大东北经济区能源矿产资源开发利用研究——基于生态补偿的视角[D]．吉林大学,2014.

[47]陈英姿．中国东北地区资源承载力研究[D]．吉林大学,2013.

[48]徐筱．武汉城市圈国土资源承载力与生态容量研究[D]．华中农业大学,2013.

[49]杨晓,张玉玲．西部地区资源承载力模糊综合评价[J]．新疆财经,2011.

[50]张磊．基于可持续发展的新疆矿产资源开发利用研究[D]．新疆大学,2006.

[51]刘瑜．基于模糊综合评价法的城市土地集约利用评价研究[D]．南京师范大学,2008.

[52]许力飞．我国城市生态文明建设评价指标体系研究[D]．中国地质大学,2014.

[53]王锋正,郭晓川．能源矿产开发、环境规制与西部地区经济增长研究[J]．资源与产业,2015,17(3):107-113.

[54]韩杰．当前我国能源矿产供需形势与对策建议[J]．海洋开发与管理,2007(3):17－20.

[55]范振林,马茁卉,黄建华．我国能源消费与工业增长变化关系研究[J]．中国国土资源经济,2016,29(10):60－64.

[56]张举刚,周吉光．自然资源禀赋与发展中国家经济分析[J]．石家庄经济学院学报,2005(6):771－775.

[57]陈从喜,吴琪,李政,崔新悦,葛振华．2016年中国矿产资源开发利用形势分析[J]．矿产保护与利用,2017(5):1－7.

[58]庄立,刘洋,梁进社．论中国自然资源的稀缺性和渗透性[J]．地理研究,2011,30(8):1351－1360.

[59]张新伟,吴巧生,孟刚．西部能源矿产资源产权价值实现中存在的问题与对策探讨[J]．中国国土资源经济,2008(10):7－9＋12＋46.

[60]张存刚,田彦平．甘肃省资源型城市低碳发展路径研究[J]．兰州财经大学学报,2017,33(1):118－124.

[61]韩玥．可耗竭资源的稀缺性分析[J]．科技经济市场,2009(12):40＋39.

[62]陈德敏,李世龙,何凯．循环经济理念下的资源稀缺性探讨[J]．生态经济,2005(7):53－55.

[63]刘斌,艾光华．关于矿产资源综合利用问题的探讨[J]．矿业工程,2006(2):8－9.

[64]褚志伟．东北矿产资源的利用问题探析[J]．现代商贸工业,2011,23(24):94－95.

[65]郭冬卉．东北矿产资源的利用问题的探讨[J]．科技创新导报,2012(25):256.

[66]鞠建华,黄学雄,薛亚洲,宋猛．新时代我国矿产资源节约与综合利用的几点思考[J]．中国矿业,2018,27(1):1－5.

[67]李朝阳．矿产资源富集型欠发达地区资源开发与区域经济协调发展研究——以甘肃庆阳为例[J]．农业现代化研究,2013,34(1):54－58.

[68]翁倩．对能源矿产企业的财务管理工作研究[J]．中国管理信息化，2015,18(6):58.

[69]胡振亚,白瑞,胡晓华．矿产资源开发与环境保护协调发展的技术支撑[J]．科技与经济,2012,25(3):16－20.

[70]邱蔓．我国能源矿产开发利用面临的机遇和挑战[J]．山西农经，2017(8):25＋27.

[71]袁国华,郑娟尔,席皛．中国实施全球能源矿产资源战略中的几个问题[J]．中国国土资源经济,2014,27(6):48－50.

[72]王升辉,孙婷婷,赵亚利,孔宁．我国主要矿产资源供给分析[J]．中国矿业,2014,23(8):19－22.

[73]束银芳．我国能源矿产开发利用的经济学分析[J]．中外企业家，2013(3):19－20.

[74]朱训．关于就矿找矿论的几个问题[J]．中国工程科学,2015(2).

[75]陈军,成金华．中国矿产资源开发利用的环境影响[J]．中国人口·资源与环境,2015,25(3):111－119.

[76]欧俊．论我国能源矿产的立法监管[J]．西南石油大学学报(社会科学版),2016,18(1):27－33.

[77]陈开琦．我国自然资源立法保护研究[J]．生态环境,2008(3):1302－1308.

[78]时颖．能源矿业权有偿取得对价法律制度的现状分析与发展思考——以能源矿产资源出让对价为视角[J]．开发研究,2012(6):135－138.

[79]樊清华,汪冰．加快环境资源立法 促进低碳经济发展[J]．理论导报, 2010(1).

[80]王萌．中国资源税研究综述[J]．经济研究导刊,2010(33):18－20.

[81]白荣睿．增值税转型和资源税改革对煤炭企业的影响[J]．中外企业家,2017(26):68＋70.

后 记

矿产资源是生产资料和生活资料的基本源泉之一，是人类赖以生存和发展不可或缺的物质基础。能源矿产作为矿产资源的重要组成部分，是现代社会人类生存和发展最主要的能源支撑。半个多世纪以来，特别是近三十年来，能源矿产的开发利用支撑了中国经济的高速发展，但同时也引发了一系列问题。这些问题和矛盾，是中国进一步发展所必须面对和解决的。生态文明建设要求“从源头上扭转生态环境恶化趋势”，在能源矿产资源开发利用过程中，要充分保证矿山环境扰动量小于区域环境容量，以实现能源矿产资源开发最优化和生态环境影响最小化。因此，在国家倡导生态文明建设的宏观背景下研究能源矿产开发利用，对认识和解决我国能源和环境问题具有非常重要的现实意义。

本书出版得到了江西省高校哲学社会科学重点研究基地招标项目“基于生态文明建设的我国能源矿产资源开发及其利用效率研究”（项目编号：JD1466）、东华理工大学地质资源经济与管理研究中心、东华理工大学“核资源与环境经济”创新团队、东华理工大学资源与环境经济研究中心、江西省资源与环境战略软科学研究培育基地的联合资助。

本书的写作得到了众多老师、朋友的关心和帮助，在此表示诚挚的谢意。首先要感谢经济与管理学院邹晓明教授和熊国保教授，他们为我的研究创造了良好的条件，在我写作和研究过程中也给予了很多帮助和启发，对于本书质量的提高起了很大的作用。在研究和写作过程中，学生邓静文、朱虹宇、王汝、齐玉、袁悦、张钰卿等在资料收集和相关研究方面做了大量的工作，在此表示感谢！

本书不仅参考了大量文献资料，也借鉴了很多相关领域学者的研究成果，并援引了其中的一些观点，还充分利用互联网等信息媒介获取了最新资料，在此对本书所引用的资料的作者表示真诚的感谢！

随着研究的不断深入，我们愈加认识到本课题研究难度之大、问题之复杂、涉及面之广，由于作者研究水平有限，书中难免有不当和错漏之处，敬请读者批评指正。

马　杰

2018 年 10 月